JN023759

いますぐできる
実践行動経済学
ナッジを使ってよりよい意思決定を実現

大阪大学CiDER特任教授・
大学院経済学研究科教授（兼）
大竹文雄

東京書籍

いますぐできる実践行動経済学

―ナッジを使ってよりよい意思決定を実現

東京書籍

はしがき

20年ほど前から中学生や高校生に経済学の出張授業を毎年続けています。毎回、どのような話題なら関心を持ってもらえるか悩みます。中学生や高校生は、経済学と言われても実感がわきません。需要と供給で価格が決まる、価格が変化するおかげで品不足が発生しないと言われても、そのような現場を目にしたことがないのです。

スーパーマーケットにはいつも商品が並んでいます。商品の価格はそれほど変動していません。いつもうまく機能しているもののありがたみは、なかなか理解できないものです。特別、経済のことを知らなくても生活に困らないのなら知る必要もありません。

実は経済の仕組みは、まさに社会になくてはならないインフラです。しかし、インフラがうまく機能している限り、私たちはインフラに特別に注意を払わないのです。中学生や高校生なら、経済には関心がないのも無理ありません。

そこで、私が中学生や高校生に経済学の授業を始めた頃は、次のようなテーマを話していました。スポーツ選手や人気歌手の所得と普通の職業の年収はどうして違うのか。人気の職業はなぜ賃金が高いのか。賃金が高いから人気なのか。美男美女は得なのか。夏休みの宿題を最後にしていた人は大人になってどうなるか。コンサートチケットの転売問題はなぜ起こるのか。

こうした話題は、中高生にも関心を持ってもらえたと思いますが、もともと彼らが疑問に思っていたことではなかったように思います。当たり前に思っていたことを、経済学で説明されて、なるほど、と理解するだけだったのではないでしょうか。

私たちは、鉄道、道路、電気、水道といったライフラインの重要性は、それがうまく機能している限り、当たり前のことで、その重要性に気がつきません。経済も同じです。生活に困るような事態にならない限り、経済に関心を持つことはないのです。

インフラのありがたさに気がつくのは、台風、地震、豪雨・豪雪などの自然災害でインフラがストップしたときです。災害時に、停電で電気が使えなくなったり、断水で水が使えなくなったりして初めて、私たちは電気や水が自由に使えることのありがたさを知ります。

同様に、大不況や品不足の発生は、人々に経済の重要性を認識させてくれます。２０２０年から２０２３年までの新型コロナウイルス感染症の流行とその感染対策は、中学生や高校生の生活にも大きな影響を与えました。２０２０年3月から5月までの臨時休校とその後のさまざまな行事の制限、マスク着用や黙食が典型的です。

また、２０２０年春には、マスクやトイレットペーパーが店頭から消えるという品不足を誰もが経験しました。中高生にとっては、いつも普通に売ってあったものが手に入らない、スーパーに行っても商品がない、という状況は初めての経験だったと思います。

中学生や高校生に「品不足になったもので思いつくものは？」と聞くと、必ずマスクとトイレットペーパーだと答えてくれます。では、「どうしてマスクとトイレットペーパーが店頭からなくなったのですか」と聞くと、「マスクは感染対策で需要が増えたからです」という返事が返ってきます。「なるほど。でも、需要が増えたのなら供給を増やして品不足にならないように調整すればよかったのではないでしょうか。そうならずに店頭から消えたのはどうしてでしょう？」と聞くとみんな考え込んでしまいます。

「マスクは、感染対策で需要が増えましたが、トイレットペーパーの需要は増えたのでしょうか？　トイレに行く回数が増えたのでしょうか？」と聞くと、「トイレットペーパーがなくなるというデマが理由でみんな買ったのではないでしょうか。トイレットペーパーがデマのために手に入らなくなったことが昔あったと聞いたことがあります」という発言をしてくれる生徒がいます。

マスクとトイレットペーパーがなくなって困ったという経験は、中高生にとって強烈な記憶として残っています。その理由を経済学で説明してもらえると、彼らはとても納得してくれます。おそらく、どうしてこんなことが起こるのだろうと疑問に思っていたからでしょう。経済学者から見れば、トイレットペーパーがなくなる現象と銀行取り付けが発生する理由は同じです。そのことを説明すると彼らの興味は高まります。単に、歴史の教科書で知っていた銀行取り付けが、自分たちが経験したトイレットペーパー不足と本質的に同じだと知ったことの喜びは大きいのです。

新型コロナウイルス感染症の流行による影響は、マスクやトイレットペーパー不足だけではありません。新型コロナ感染症対策で、行動制限が要請されたために、経済も大きなダメージを受けました。失業率は上昇し、自殺者も増えました。中高生も将来に対する不安を強く感じたと思います。

私自身が経済に関心を持ったのは、中学生の頃の第一次オイルショックの経験が大きかったからです。トイレットペーパーの不足、物価の急上昇、失業者の急増を身近に感じたからです。どうしてこのようなことが生じるのか、なんとかできないのか、と思ったのです。新型コロナ感染症の時代を経験した中高生たちの中には当時の私と同じような問題意識を持っている人たちもいるように思います。

こうしたことを、出張授業で伝えて、彼らが経済に関心を持ってくれるようになることは私にとって大きな喜びです。ただし、中高生に出張授業をしても、それを伝えられるのは、授業に出てくれた生徒たちだけです。しかし、授業の様子を本として出版できれば、もっと多くの人たちに伝えられます。そこで、私が中高生に出張授業をしている内容を本として出版することにしました。

本書は、『あなたを変える行動経済学』(東京書籍・2022年発行)に引き続いて、早稲田塾でのオンライン連続講義を、ライブ感を持ったものとしてまとめました。本書には、授業で質問してくれた石動《いするぎ》さん、落合さん、行武《ゆきたけ》さんという3人の高校生が登場します。この3人は仮名で、実在していません。ただし、発言は実際に高校生が発言したものを編集していますし、3人だけでなくもっと多くの高校生が発言したものを3人が発言したことにしています。高校生たちの質問のおかげで、私の説明も丁寧になったと思います。また、私が気づかなかった論点も議論することができました。

さて、本書の構成は次のようになっています。

第1章は、「感染症で学ぶ行動経済学」です。市場競争がうまく機能していたらいいけれど、独占や外部性のように競争がうまく働かないと、政府が介入する必要があることを最初に話します。感染症対策も自由競争に任せておいてはうまくいかない例になります。先ほどの、マスクやトイレットペーパーが店頭から消えた理由についてもここで議論します。間違った情報でも人々が一度信じてしまうとそれが実際に実現してしまって社会規範となり、修正することが難しくなることもここでの重要なテーマです。

第2章は、桂三四郎さんの創作落語「落語で学ぶ行動経済学」をもとに行動経済学の基本について、具体的な例を使って紹介します。重要な概念は、サンクコスト、損失回避、現在バイアス、現状維持バイアスです。この章での大事なメッセージは「迷ったら変化を選ぶ」です。この章の話は、日常生活で役立つことが特に多いと思います。

第3章は、「ラグビー日本代表で学ぶ日本経済」です。ラグビーの日本代表はかつては弱かったのに、2015年以降、ワールドカップで活躍するようになりました。選手の構成を見ると、日本代表が強くなった理由が見えてきます。外国出身選手が多くなったのです。そのおかげで、日本人選手も活躍できるようになりました。これは、これからの日本経済を考える上でとても重要なことです。人口減少が続く日本では、これから外国人労働者が増えてきますし、人工知能（ＡＩ）やロボットの活用も進みます。その影響をラグビーの日本代表から高校生たちと議論しています。

第４章は、「風しん抗体検査で学ぶ行動経済学」です。２０１９年度から２０２４年度まで、中高年男性（１９６２年度から１９７８年度生まれ）に対して、風しん抗体検査とワクチン接種を無料で受けられるクーポンが自治体から配布されています。妊娠初期の妊婦さんが風しんに感染すると先天性風しん症候群の赤ちゃんが生まれてくる可能性があるので、日本で風しんの流行そのものを発生させないようにすることが目的です。しかし、風しん抗体検査の受検率・ワクチン接種率は、日本が風しんの集団免疫を持てる水準までなかなか上がっていきませんでした。どうすれば、抗体検査を受ける気になるのか、行動経済学のナッジを使って私が工夫したことをお話しします。

2024年4月

大竹文雄

目次／いますぐできる実践行動経済学―ナッジを使ってよりよい意思決定を実現

第1章

感染症で学ぶ行動経済学——「社会規範」を考える

1 アダム・スミスが『国富論』で伝えたかったこと

2022年の夏に、私は「感染症対策に経済学?」というテーマで高校生を対象にした講演をしました(*1)。講演の冒頭で、「経済学は、どの株式を買えば儲《もう》かるのかとか、会社を経営するのに必要な知識は何かとかを得るための学問だと思われがちですが、経済学はお金儲けのためだけの学問ではありません」ということを話しました。そして、新型コロナをはじめとする感染症対策にも重要な役割を果たしていることを、行動経済学を中心に解説しました。

この章では、その講演の動画(*2)(84ページ参照)を視聴してくれた3人の高校生(石動《いするぎ》さん・落合さん・行武《ゆきたけ》さん)と一緒に、経済学と行動経済学の基礎について解説します。

経済学の父「アダム・スミス」

まず皆さんに質問です。私の講演は経済学の父と言われているアダム・スミスの話から始まっていますが、高校の政治経済の教科書にも掲載されている有名な著書『国富論』

アダム・スミス（Adam Smith、1723年～1790年）
スコットランド生まれ。グラスゴー大学名誉総長。イギリスの哲学者、倫理学者、経済学者。「経済学の父」と呼ばれる。1776年に主著『国富論』を出版。

で、アダム・スミスは何を主張したのでしょうか。

落合　「自由放任」にすれば世の中はうまくいくということです。

そうですね。一般に知られているのは、市場での競争によって「見えざる手」に導かれて、モノやサービスが人々のもとに行きわたり、みんなが豊かになるということです。実際、高校の教科書にも、競争が機能して世の中はうまくいくというようなことが書いてあるはずです。また、アダム・スミスは「小さな国家」を主張したとか、当時支配的だった地主階級にではなく資本家（企業家）の利害を代弁したとかいうことを書いている教科書もあります。

＊1　「SDGs@HANDAI2022」
＊2　https://youtu.be/c8aljuh_ktY

しかし、実は、アダム・スミスは世の中には「独占」が起こっているということを強く批判したのです。当時は、世界史の教科書には必ず出てくる「東インド会社」が、植民地との貿易を独占していたからです。つまり、東インド会社が植民地との貿易を独占しているために、市場での競争が働かずに、輸入品の価格が安くならなかったのです。

競争をさせないことこそが問題

ある商品の売り手が1社しかなければ、その会社は商品の価格をつり上げて利益を増やすことが、容易にできます。しかし、ライバル会社が多数いて市場での競争があれば、そうは簡単にいきません。

ある会社が商品の価格を引き上げて儲けを増やそうとすると、別の会社はもっと安く売ることで儲けることができます。つまり、ライバル会社がいて競争にさらされていると、あまり商品の価格を高く引き上げることができないのです。これが市場競争と呼ばれるものです。市場競争の結果、モノの値段は安くなるので、市場競争は消費者にとって利益があるということになります。

同じことは、労働者についても言えます。働く場所が1つしかなく、働きたい人がたくさんいる場合にどのようなことが起きるでしょうか。

例えば、あなたがアルバイトをしようと考えているときに、雇ってくれる会社が1社しかないような場合です。もし、私が時給1500円で働いていたとします。会社が1社しかない状況で、あなたがどうしてもこの会社でアルバイトに採用して欲しいと思えば、時給1300円でもいいと考えるはずです。そう考えたあなたは、私が働いている会社に、「時給1300円でいいから雇って欲しい」と申し出るでしょう。そうすると、時給1500円で働いていた私は解雇されて、あなたが雇われるかもしれません。あるいは、「時給1300円で働いてもいいという人がいるから」という理由で、私の時給が1300円に引き下げられるかもしれません。私がこの会社で1時間につくっている製品の価値が1500円であっても、会社が1社しかなければ、私の時給は生産性以下に下がってしまうのです。

つまり、労働市場を独占している会社は、働きたいと考えている人が数多くいれば、労働者の賃金を最低ぎりぎりまで引き下げることができるわけです。どこまで下げられるかというと、それ以下の賃金だったら働かないほうがまし、というレベルまで下がります。実際には、ある地域に会社が1社しかないような場合（独占）はほとんどありません。しかし、皆さんがアルバイトをしようと考えた際、勉強との両立ができるように、家や学校の近くでできる仕事を探すことを考えると、意外に働ける会社は少ないかもしれません。それに、働くことができる会社が近くに数社あったとしても、それらの企業が結託して、安い賃金でしか雇わないようにしようと決めると、雇う側が1社しかない状況と同じになります。

もし同じ地域に会社が数多くあれば、ある会社で働いている私の時給が1500円だったときに、他の会社から時給1800円にするから来てくれという話になれば、私はその会社に移るかもしれません。また、今働いている会社が「それは困る」と言って、時給1800円にしてくれるかもしれません。競争があれば、そのようにして賃金が上がっていくのです。

どこまで、賃金が上がっていくかというと、私が1時間につくれる商品の価値までです。それ以上の給料を払うと、会社は赤字になってしまって、倒産してしまうからです。いずれにしても、会社としては人材の引き抜き合戦になると、儲けが減ってしまって困るので、賃金を上げないように結託して、できる限り、雇う側から見て独占状態にしておきたいと考えるわけです。

アダム・スミスはアメリカの独立を擁護

アダム・スミスは、企業が市場で競争しないような社会には大きな問題があるという指摘を行ったのです。アダム・スミスが本当に言いたかったことは、「自由放任」にすればいいということではなく、市場で競争が働くようにすることが重要だということです。自由放任の結果、独占になってしまっては意味がありません。独占を阻止して市場で競争させるような仕組みをつくることによって、「見えざる手」に導かれて社会はよい状態になるということです。そして、市場での競争が行われるように、独占を禁止することが「政府」の役割ということになります。

実は、『国富論』が刊行されたのは1776年3月のことです。当時のイギリス政府は植民地との貿易について、東インド会社に独占的な権利を与えていました。そして、イギリスの最も大きな植民地はアメリカでした。そこで、アダム・スミスは、植民地との貿易を東インド会社に独占させるのではなく、誰でも自由に貿易できるような仕組みにしたほうがイギリス社会にとってよりよいということを『国富論』で展開したのです。アメリカの「独立宣言」が公布されたのは、『国富論』が刊行された4か月後の7月4日だったのです。

図1-1 公正取引委員会(Japan Fair Trade Commission) のロゴマーク　略称は JFTC。公正取引委員会は独占禁止法を運用するために設置された機関。独占禁止法の補完法である下請法の運用も行っている。国の行政組織上は内閣府の外局として位置づけられている。

談合はなぜ発覚するのか

ところで、アダム・スミスの『国富論』刊行から約２５０年たった今の世の中でも、独占が数多く起きています。最もわかりやすい例は「談合」です。売る側の企業が結託して、これ以上値段を下げて売ってはいけないという取り決めをすることがあります。また、人を雇うときにはこれ以上高い賃金にしないでおこうという取り決めをするということがときどき起きています。

そこで独占を排除し、市場での競争が正常に行われるようにするために、日本では企業による「談合」を禁止する法律が制定されています。何という法律か知っていますか。

石動　独占禁止法です。

そうですね。企業が結託して談合することは「独占禁止法」の違反になるのです。そして、独占禁止法違反を所轄する官庁が「公正取引委員会」です。

もう少し詳しく説明しましょう。

皆さんも、「入札談合」の話を聞いたことがあるはずです。例えば、ある地方公共団体が、道路の補修工事を発注したとします。もちろん、競争入札ですから、受注したい業者が5000万円とか8000万円とかの金額で入札に参加し、その中で最も安い業者が採択されるわけです。ところが、道路の補修工事は何度も行われますので、工事入札する業者がある程度限られていると、その業者たちが結託して安い価格をつけないように話し合い、高い価格で順繰りに受注できるようにするようなことが起きます。これが、「談合」です。

「談合」は独占禁止法違反ですから、談合が見つかると会社も担当者も逮捕・起訴されます。多少脱線しますが、基本的に企業は「談合」を秘密裏に行うので、なかなか発覚しないように思うかもしれません。しかし、最近は談合が摘発されるケースが多くなりました。その背景には、「課徴金減免制度」があります。

この制度は2006年に導入され、現在は独占禁止法7条の4により規定されています。談合に参加した企業は、公正取引委員会がその談合の調査開始日より前に、談合に参加したことを公正取引委員会に申請した場合、申請のタイミングが早い順に100%（1位）、20%（2位）、10%（3位〜5位）、5%（6位以下）の課徴金が減額（免除）されるというものです。

つまり、調査されるより前に、談合したことを一番早く自白すれば、課徴金という罰則が全額免除されるのです。この仕組みを知っていたなら、いち早く談合を自白しそうに思いませんか。実は、この「課徴金減免制度」の策定に関してはゲーム理論という経済学の考え方が取り入れられています。市場での競争が行われるよう独占を禁止することは政府（法律）の役割ですが、その法律がより社会に適合するように経済学が応用されているのです。

感染症対策を経済学で考える

さて、私は2020年3月19日から「新型コロナウイルス感染症対策専門家会議」に座長が出席を求める関係者という立場で参加していました。この後、この専門家会議は解散し、2020年7月から新型コロナウイルス感染症対策分科会になって、私はこの分科会の構成員になりました。なぜ、経済学者である私が、感染症対策を議論する会議のメンバーになったのでしょうか。経済学と感染症対策が関係しているからです。そこで皆さんに質問ですが、経済学は感染症とどのように関係しているのでしょうか。

落合　外出や外食が制限されたことによって飲食店の売り上げが減ったり、失業が増えたりしたというニュースをよく耳にしたので、「経済被害」という点で感染症と関係しているように思います。

なかなか素晴らしい答えですね。もう少し詳しく説明してもらえますか。

落合　外食を制限すると自炊する家庭が増えます。僕の家はもともと外食が少ないのです。なぜかと言えば、自分で食材を買ってつくったほうが断然安上がりだからです。もちろん、みんなが外食しなければ、その分スーパーなどでの買い物は増えるかもしれないけれど、飲食店の売り上げは確実に落ちるので、そういう経済被害が起こるということです。

なるほど。では、世の中の人はなぜ飲食店に行かないようにしたのでしょうか。

落合　お店で人と人との接触を避けるということと、お店に行くための公共交通機関での見知らぬ人との接触を避けるためです。

人と人と接触が起こりがちで、新型コロナウイルス感染症に感染しやすいような場所に人が集まらないようにするために、政府や自治体が飲食店などに営業規制を行うなどしたわけですね。2020年の4月の第1回目の緊急事態宣言では、デパートも閉店しました。それは人が密に集まる場所を避けるためでした。また、2021年の東京オリンピックを無観客で開催したのも密を避けて感染拡大を防ぐためでした。

そういうことをすると、落合さんが指摘してくれたように、経済的な被害が発生することになります。つまり、感染が拡大しないようにするための感染症対策を行うと、経済的な被害が発生するということです。ある2つの事象にこのような関係があることを、経済学では「トレードオフ」と言います。わかりやすく言えば、「あちらを立てれば、こちらが立たず」ということです。

要するに、感染症対策を厳しくすると、感染の拡大は抑えられるけれど、経済が悪化して経済的被害が出るという「トレードオフ」の関係があります。経済的被害というのは、つまりお金がなくなって貧しくなることです。貧しくなると、生活維持が困難になり、自殺する人も出てくるかもしれません。感染症対策のために学校を休校にすると、子どもたちの学力が低下するかもしれません。その関係を示して、感染症対策だけに力点を置きすぎないようにすることが、経済学者の役割として求められたわけです。

感染症とバンジージャンプの違い

人は新型コロナに感染することは誰でも嫌なので、政府から行動制限されなくても、自発的に対策をします。感染症対策も、アダム・スミスが言うように、「個人の自由に任せたらいい」という意見もあります。

確かに、感染している人と感染していない人がいると感染症が広がりそうですね。でも、感染したくない人は自分の行動を自分で制限し、このくらいやっても感染しないだろうと考えている人は自由に動くというように、それぞれの自由に任せるということでいいのではないでしょうか。では、新型コロナウイルス感染症の感染対策を人々の「自由に任せる」と何が問題になるのでしょうか。

石動　個人の自由に任せてしまうと、おのおのが自分の好き勝手に行動してしまい、その結果として感染症が広がってしまうからだと思います。

なるほど。感染リスクがあっても、外食したいとか外に遊びに行きたいという人は、そちらを選んでしまうということですか。人々は感染リスクがわかっていても、自分の好きな行動をしてしまうので、個人の自由に任せると感染症対策は必ずしもうまくいかないということですね。

石動　感染したくないと思う人は、行動を自ら制限すると思います。しかし、外食したいとか外に遊びに行きたいという誘惑に負けて、危険を冒してでも自粛しない人もいると、その人が原因でどんどん感染が拡大していくことになります。したがって、個人の自由に任せるべきではなくて、国レベルで規制をかけて、すべての人が同じような行動をとるようにすることが必要だと思います。

では、ちょっと意地悪な質問を考えてみてください。バンジージャンプはリスクがあって、怖いからしたくないという人もいる一方で、あえてリスクを冒してバンジージャンプをしたいという人もいます。つまり、バンジージャンプをするかしないかは、各人の好きな判断に任せておけば問題ないですよね。それなのに、感染症に関してはなぜ自由に任せていては駄目なのですか。

石動　バンジージャンプでは自分のリスクだけ考えればいいけれども、感染症では他の人に感染させるというリスクもあるからです。

そこがポイントですね。バンジージャンプのケースでは、仮にアクシデントが起きてその人がけがをしても、それによって他の人もけがをするということはありません。他の人に迷惑がかからないようなところでバンジージャンプをするからです。

しかし、感染症の場合は、自分は感染してもかまわないと思っていても、その人が感染してしまうと、他の人に感染させることになります。つまり、自分は感染してもかまわないと思っている人はリスクのある行動をするけれど、他の人の健康まで考えていないので、人に感染させてしまうという迷惑をかける可能性があるということです。しかも、迷惑をかけた分の迷惑料を支払う必要はありません。

それを経済学の言葉で「負の外部性」あるいは「外部不経済」と言います。もう少し詳しく説明しましょう。

負の外部性を考える

一般に何らかの「取引」は自分と取引をしている直接の相手以外には影響を与えることはありません。ここで「取引」というのは、モノやサービスの売買だけではなく、人と会うとか、イベントに参加するということも含みます。スーパーマーケットで、あなたがお肉を買うという取引を考えましょう。100グラム1000円の高級牛肉を200グラム買う場合、2000円払ってあなたは200グラムの高級牛肉を手に入れます。あなたはおいしい牛肉の価値が2000円以上だと思ったわけです。スーパーマーケットは、仕入れ価格よりも高く牛肉が売れて儲けが出ます。あなたが牛肉を買っても、スーパーマーケットに来ている他のお客さんに何か影響があるわけではありません。

では、感染症が広がっているときに、人がスポーツ観戦をするとか、コンサート会場に行くとか、レストランで食事をするという「取引」をする際はどうでしょうか。人は感染症のリスクとそのイベントの楽しさ、そしていくらお金がかかるかということを考えて、その「取引」をするかどうかを決めます。つまり、この価格でこのくらいのリスクがあるのであれば行ってもいいかなというように決めるわけです。

しかし、その人の判断には「人に迷惑をかける」ということは含まれません。つまり、あるイベントに参加した結果として、自分が新型コロナに感染してしまうと、他の人にうつしてしまう恐れはかなり高くなります。そして、仮にその人から感染してしまった人は仕事を休まなければならなくなるし、後遺症に長く悩むことになるかもしれません。しかし、新型コロナをうつされた人は、うつした人に対して迷惑料を請求したり損害賠償を求めたりすることはできないのです。

どうしてでしょうか。一般的には誰から感染させられたのかわからないからです。もちろん、特殊な場合には、ウイルスの遺伝子の型を調べれば感染経路を特定できるかもしれませんが、普通はそこまでしません。また、仮に誰が誰に感染させたかがわかったとしても、迷惑料や損害賠償を請求することは多くの場合できません。つまり、他人に迷惑をかけても払わないですむのです。このように他人に迷惑をかけてもその迷惑料を支払わなくてよい場合、「負の外部性」があると言います。

もし、迷惑料を払わなければならないとしたら、人は感染症のリスクとそのイベントの楽しさ、そしていくらお金がかかるかということに加えて、他人に感染させてしまった場合の迷惑料を考えて、そのイベントに参加するかどうかを決めるはずです。

そうすると、先ほどのバンジージャンプの例と同じことになります。つまり、他の人に感染させた場合には迷惑料を払うというかたちで人に感染させるリスクがすべて自分に跳ね返ってくることになるからです。

環境問題と負の外部性

繰り返しになりますが、新型コロナの感染症の場合は、他人に感染させたからといって迷惑料などを請求されることはありません。つまり、人は「迷惑料」を考えないで行動する結果として、「新型コロナ感染」という迷惑を受ける人がたくさん出てくるという「負の外部性」をもたらしてしまうのです。

もし、感染させてしまったら迷惑料を支払わなくてはならないということになれば、人は他人に感染させるリスクまで考えて行動するはずです。そして、そのような場合には、アダム・スミスが言うように自由にすればいいということになります。しかし、実際にはそうなっていないから、過剰に感染が拡大してしまうわけです。

感染症以外にもさまざまな外部性が考えられます。例えば、公害や地球温暖化などの環境問題が発生してしまうことも「外部性」で考えることができますが、それを説明できますか。

行武　人は将来のことを考えずに、自分の今の生活を快適にすることを第一に考えて行動しがちなので、環境問題が発生してしまうのだと思います。

そうですね。例えば、暑い夏にエアコンを使うときに考えるのは、室温を快適にしたいということと、そのためにかかる電気代を考えます。もし、電気代がかなり高額であれば、エアコンは使わないようにしようというように、電気代と快適さだけで、エアコンを使うかどうかを決めているわけです。

では、それでなぜ環境問題が起こるのでしょうか。感染症の場合には、感染して迷惑を被る人に支払う「賠償金」を考えていないから感染がまん延してしまうのですが、エアコンをつけるかどうか判断する際には、将来の地球環境への影響を考えていないということです。

二酸化炭素（CO_2）が増え続けている結果として、地球温暖化が起きて、世界各地でさまざまな災害が発生して、多くの人が迷惑を被っています。もし、このままのペースでCO²が増え続けると、もっと迷惑を被るのは将来世代です。しかし、将来の人は、環境を悪化させた現在世代に対して、賠償金を請求することはできません。

要するに、暑い夏の日には、将来世代の迷惑は考えずに、電気料金と快適さだけでエアコンの設定温度を決めるのであって、「外部不経済」を将来の子どもたちに与えていることを無視しているからエネルギーを使いすぎるというかたちになっているわけです。

ラッシュアワー時の鉄道の混雑や道路の渋滞も外部性によって引き起こされます。自分が鉄道や道路を利用することで混雑が増してしまい、その結果、他人に迷惑をかけてしまっていることを私たちが考えないからです。

「見えざる手」がうまく機能しない場合が、経済学の出番

さて、アダム・スミスは、独占がある場合には「見えざる手」が機能しないので、植民地貿易を自由にすべきだと主張しました。そして、これまで説明したように、感染症など「外部性」がある場合にも、「見えざる手」が機能しないことがわかりましたが、この「外部性」を解決することが必要であることを指摘したのは、アルフレッド・マーシャルという経済学者でした。

アルフレッド・マーシャル（Alfred Marshal、1842年～1924年）　新古典派経済学を代表するイギリスの経済学者。ケンブリッジ大学教授を務め、ケンブリッジ学派（新古典派）を形成。市場で価格が決定される理論を唱えた。主著『経済学原理』（1890年）は長い間、イギリスで最もよく使われる経済学の教科書となった。

ちなみに、マーシャルはケンブリッジ大学の教授就任演説で、大変有名な言葉を残しています。日本でも多くの経済学者が好きな言葉の1つとして紹介されますが、それは経済学で大切なのは「クールヘッド（冷静な頭脳）とウォームハート（温かい心）」を持つことだというものです。マーシャルは、ケンブリッジ大学でそういう学生を育てたいと言ったのです。

実は、現代的な経済学の基礎の多くはマーシャルがつくりあげました。例えば、「需要曲線」と「供給曲線」も、マーシャルが最初に図式化したものです。そして、自由競争に任せただけではうまくいかない例として、「外部性」を指摘したのもマーシャルでした。

要するに、感染症対策の場合には、外部性があるので各自の自由に任せておくだけではうまくいかないということです。そう考えると、「見えざる手」がうまく機能しない場合こそが、経済学の出番だということがわかります。

2 感染症を「トレードオフ」で考える

ここで、先ほど落合さんが指摘してくれた「感染症対策を強くすると経済活動に影響がある」という話に移りたいと思います。

実際、行動制限をして感染症対策を強くすると経済活動だけではなく教育にも悪影響を与えることになりますが、それを明らかにすることが経済学の役割なのです。

「トレードオフ」という考え方

ここで重要なのは、先ほど紹介した「トレードオフ」という考え方です。繰り返しになりますが、「何かをよくしようとすると他の何かが悪くなってしまうような状況」を「トレードオフ」の関係にあると言います。ちなみに、経済学では、誰かの状況を悪くしなければ、他の誰かの状況をよくすることはできないような状態を「パレート効率性（あるいはパレート最適）」と呼びます。

これを感染症と経済の関係に当てはめて考えると、感染も減って経済もよくなるよう

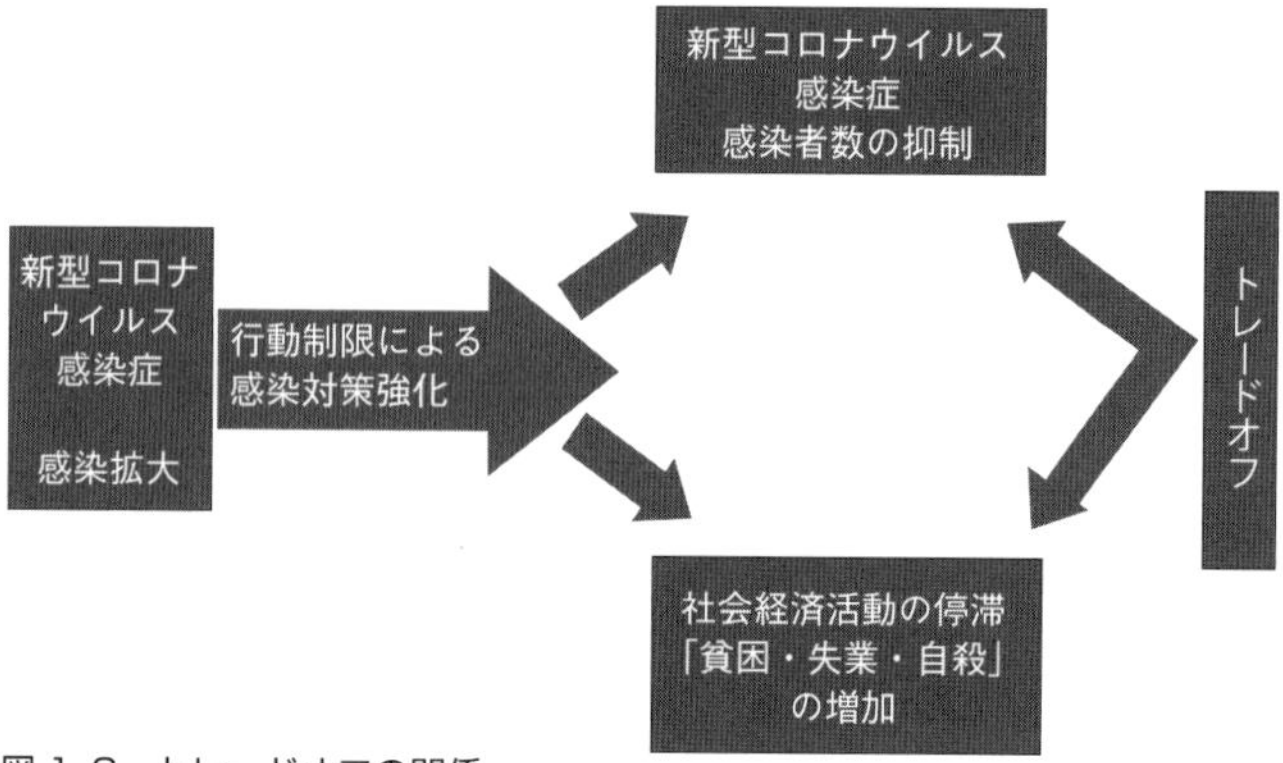

図 1-2　トレードオフの関係

な感染症対策を行うことができるのであれば、誰も悩む必要はありません。しかし、新型コロナウイルス感染症の場合は、これ以上感染症対策をすると経済が悪化するというトレードオフの状況にありました。したがって、トレードオフの状況にあることを明らかにしながら、感染症対策にどの程度重点を置いたらいいのかということを考えてもらうようにすることが、経済学に求められたのです。それが、私が「新型コロナウイルス感染症対策専門家会議」や「新型コロナウイルス感染症対策分科会」に参加を要請された理由です。

勉強か部活か、今か将来か

ところで、皆さんに身近な「トレードオフ」の例としては、勉強と部活があります。1日は24時間しかないので、基本的な生活にかかる時間や学校の授業時間を除くと、勉強の時間を長くすれば部活の時間が減るという「トレードオフ」の関係にあることがわかります。

また、「今を楽しむ」か「将来を楽しむ」かというのもトレードオフになっています。今も将来も両方楽しみたいという気持ちはわかりますが、今を楽しみたいと遊んでばかりいると、将来困るということは何となくわかっているので、みんな勉強しているわけですね。もちろん両方できればいいに越したことはありませんが、それはなかなか難しいです。環境問題も同じことで、暑い夏にエアコンの設定温度は低くしたほうが快適であり、寒い冬は設定温度を高くしたほうが快適ですが、それは環境を悪化させることになります。つまり、両立させることが難しいさまざまな「トレードオフ」の問題を考えることが経済学の役割ということです。

基本的人権と新型コロナ対策

さて、感染症の話に戻ると、自由放任にすると感染症が広がりすぎるという場合には、何らかのかたちで感染症対策をしなければなりません。最も簡単なのは、人と接触しないような社会的な仕組みをつくることです。

実際、日本でも新型コロナウイルス感染症が最初にピークを迎えた2020年4月に、東京都、神奈川県、大阪府などの7都府県を対象区域として「緊急事態宣言」が発出されたのを皮切りに、その後全国47都道府県が同宣言の対象区域になり、さらに2回の「緊急事態宣言」が発出されました。そして、私たちは、できるだけ人と会わないようにと言われ、飲食店やデパートは休業を強いられるというように、人々の行動に関してさまざまな制限がかけられたのです。一方で、私たちは自由に行動するということを憲法で保障されています。好きな所に行ったり、好きな仕事をしたりすることができるという基本的人権が認められているわけです。

ところが緊急事態宣言のときは、例えば、都道府県を越えた移動はしないようにとか、外出しないようにとか、飲食店は休業するようにとかいうように基本的人権を制限するような政策がとられたのです。その理由は、繰り返しになりますが、新型コロナなどの感染症には、ほかの人に迷惑をかけているにもかかわらず、そのコストを支払わないという「外部性」があって、個人の自由に任せておいたのではその解決が難しいからです。

罰金か補助金か

伝統的経済学では、国が個人の自由という基本的人権を制限する方法として、典型的なものには2つあると考えます。

1つは、「罰金」を科すことです。今回の新型コロナウイルス感染症対策として、多くの国々はこの方法を採用しました。いわゆる「ロックダウン政策」で、新型コロナウイルスというリスクに対応するために、人々の外出や移動の自由を制限したのです。この国の指令に違反した場合には、「罰金」という法的処罰が科されました。誰でも「罰金」を払うのは嫌なので、外出を控えるということになります。

もう1つは、外出を控えて「ステイホーム」した人に補助金をあげるというやり方です。もし、外出せずに家にいたら1日あたり1万円もらえると言われれば、家にいることを選択する人は多いでしょう。実際に日本で行われたのは、人が集まることを減らすために休業した飲食店に対して協力金を支払うという方法でした。

要するに、外に出たら（あるいは営業を続けたら）お金を払いなさいということ（＝罰金）になれば、人は外出しない（あるいは飲食店は休業する）ようになるかもしれないけれど、逆に、家にいれば（あるいは休業すれば）お金をあげるということ（＝補助金）になれば、人は家にいようとする（あるいは飲食店は休業しようとする）はずです。つまり、感染症対策などの政策目的を達成するためには、「罰金」を科しても「補助金」をあげても、同じような効果を上げることができるということです。

同じようなことは、地球環境問題についても言えます。例えば、地球温暖化を防ぐために、CO_2を排出した分だけ税金を払うという方法（＝罰金）が使われています。高額のガソリン税は、CO_2を排出するようなものの値段を高くするというかたちでのある種の「罰金」と考えることができるからです。値段が高くなれば、人々はそれをできるだけ買わないようにするようになります。ただし、同じことは「補助金」でもできるはずです。CO_2を削減したお金をあげますと言われれば、みんな頑張って減らそうとするはずだからです。

先ほども紹介したように、「外部性」を考え出したのは経済学者のアルフレッド・マーシャルですが、「税金でも補助金でも政策の効果は同じ」ということを考え出したのは、ケンブリッジ大学のアーサー・セシル・ピグーという経済学者です。そこで彼の名前を冠して、外部性を解決するという政策目標を達成するために課す税金を「ピグー税」と呼び、補助金を「ピグー補助金」と呼んでいます。「ピグー税」とは、「他人への迷惑を考慮しない人に、考慮させるような行動を取らせるための罰金」のことであり、「ピグー

アーサー・セシル・ピグー（Arthur Cecil Pigou、1877年～1959年） イギリスの経済学者。経済学者アルフレッド・マーシャルの後継者。ケンブリッジ大学教授を務め厚生経済学の基礎を築いた。雇用理論ではケインズと対立。主著『厚生経済学』（1920年）。

補助金」とは、「人に迷惑をかける行動を控えてもらうために支払う補助金」のことです。

ある政策目標を達成するために、「罰金」にするのか「補助金」にするのかは、基本的人権をどう考えるかによって変わります。社会に迷惑をかける場合は自由に行動する権利は制限されるべきだという価値観が反映されていれば「罰金」が選択され、基本的には人は好きなことをする権利を持っていてそれを重視するということであれば、その権利を制限する際には「補助金」を支払うということになります。

新型コロナが2類相当のときに医療費が無料だった理由

ここで、もう1つのお金の話に移ります。

日本の感染症法では、感染力や感染した場合の重篤度などを総合的に勘案して、感染症を1類～5類などに分類し、感染拡大を防止するために行政が実行できる対策を定めています。新型コロナウイルス感染症の日本国内で発症が確認された2021年2月には「2類相当」とされましたが、2023年5月には「5類」に引き下げられました。実は、「2類相当」のときには、新型コロナウイルスに感染した場合、入院費や治療費はすべて無料でしたが、5類になってからは、他の医療費と同様に自己負担しなくてはならなくなりました。そこで皆さんに質問です。「2類相当」のときにはなぜお金を払わなくてよかったのでしょうか。

落合　2類相当のときには、新型コロナウイルス感染症にかかった人は、強制的に入院させられるような深刻な病気だったからだと思います。

確かに深刻な症状になる可能性がある病気というのはそうですね。でも、深刻な病気はほかにもたくさんありますが、多くの場合、治療費や入院費は必ずしも無料ではありません。実は、「2類相当」のときに入院費や治療費が無料だったのにはほかの理由があります。

「2類相当」というのは、その病気の免疫を国民の大部分が持っていないため、全国的に急速にまん延する恐れがあり、感染すると病状の程度が重篤となる恐れがあるという特徴を持った感染症が当てはまります。ですから、感染させないようにするために、人は外出制限をかけられ、感染すれば強制的に入院させられるということになっていたのです。入院するということは、自由に外に出るという基本的人権が制約させられているわけです。そういうときに、入院費や治療費を払えと言われれば、文句を言う人も出てくるでしょう。したがって、ピグー補助金を渡すわけではないけれど、せめて入院費や治療費は無料にするという仕組みだったのです。

「2類相当」から「5類」になったのは、仮に他人に感染させても、それほど迷惑にはならないような感染症に変わったと判断されたからです。そうは言っても感染症ですから、他人にうつすという「外部性」はあります。しかし、それでも賠償金を求められるほどの迷惑はかけないようになったと判断されたのです。つまり、「5類」になってからは、外出制限や強制入院をするような感染症ではないということで、入院すれば入院費がかかり、治療費がかかるというかたちに変わったのです。

石動 質問があります。日本では新型コロナに対して、私たちの自発的な行動を促すような対策が多くとられたような気がします。自分も感染したくないし、他人にも感染させたくないということで、例えば3人掛けソファの真ん中にぬいぐるみなどを置いて、自然に密にならないようにするというようなことですが、それは経済学というよりも行動経済学の考え方なのではないでしょうか。

感染症を行動経済学で考える

いい質問ですね。確かに、海外の多くの国では、ロックダウンによって強制的に人々の外出を抑えるという感染拡大予防政策をとりました。しかし、日本の緊急事態宣言には、そのような強制力はほとんどありませんでした。つまり、人々に行動を控えることの協力を要請するという権限しか行政機関には与えられていないのです。

そこで、日本では規制や罰則を使わない感染症対策をとることになりました。罰則がないもとで、多くの人々に感染予防行動をとってもらう必要があったということです。そこで用いられたのが、市民への情報提供によって行動変容を促すという政策で、まさに「行動経済学」の出番だったのです。

伝統的経済学では、合理的で計算能力が高く、利己的な人間像が前提とされていて、これを「ホモエコノミカス」と呼びます。しかし、多くの人は必ずしも合理的な行動ばかりをするわけではありません。私の著書（『あなたを変える行動経済学』（東京書籍）（＊3）で詳しく説明したように、行動経済学とは、心理学や社会学の成果を経済学に組み入れて、より現実の人間像に近づける試みを行う経済学の一分野です。

私は行動経済学者として、最初の頃は「新型コロナウイルス感染症対策専門家会議」で、その後は「新型コロナウイルス感染症対策分科会」のメンバーとして、メッセージをうまく伝えるかたちで人々の行動変容を促すという感染症対策を考えました。例えば、「3密」や利他的なメッセージを使って、「あなたが3密を避け、手洗い、マスクをすることは、周りの人の命を救います」とか、「あなたのワクチン接種が周りの人の接種を後押しします」というようなメッセージが効果的であることを、実証的に明らかにしました。

行武　「3密」を避けるという表現について質問があります。大竹先生は、利他的メッセー

＊3　『あなたを変える行動経済学―よりよい意思決定・行動をめざして』大竹文雄著（東京書籍・2022年）。行動経済学の第一人者が、身近な話題からわかりやすく解説する行動経済学入門。行動経済学（経済学＋心理学）の「ナッジ」を使って仕事や生活でよりよい決断ができる！　行動経済学をどのように活かしていけばよいかを豊富な実例とともに紹介。

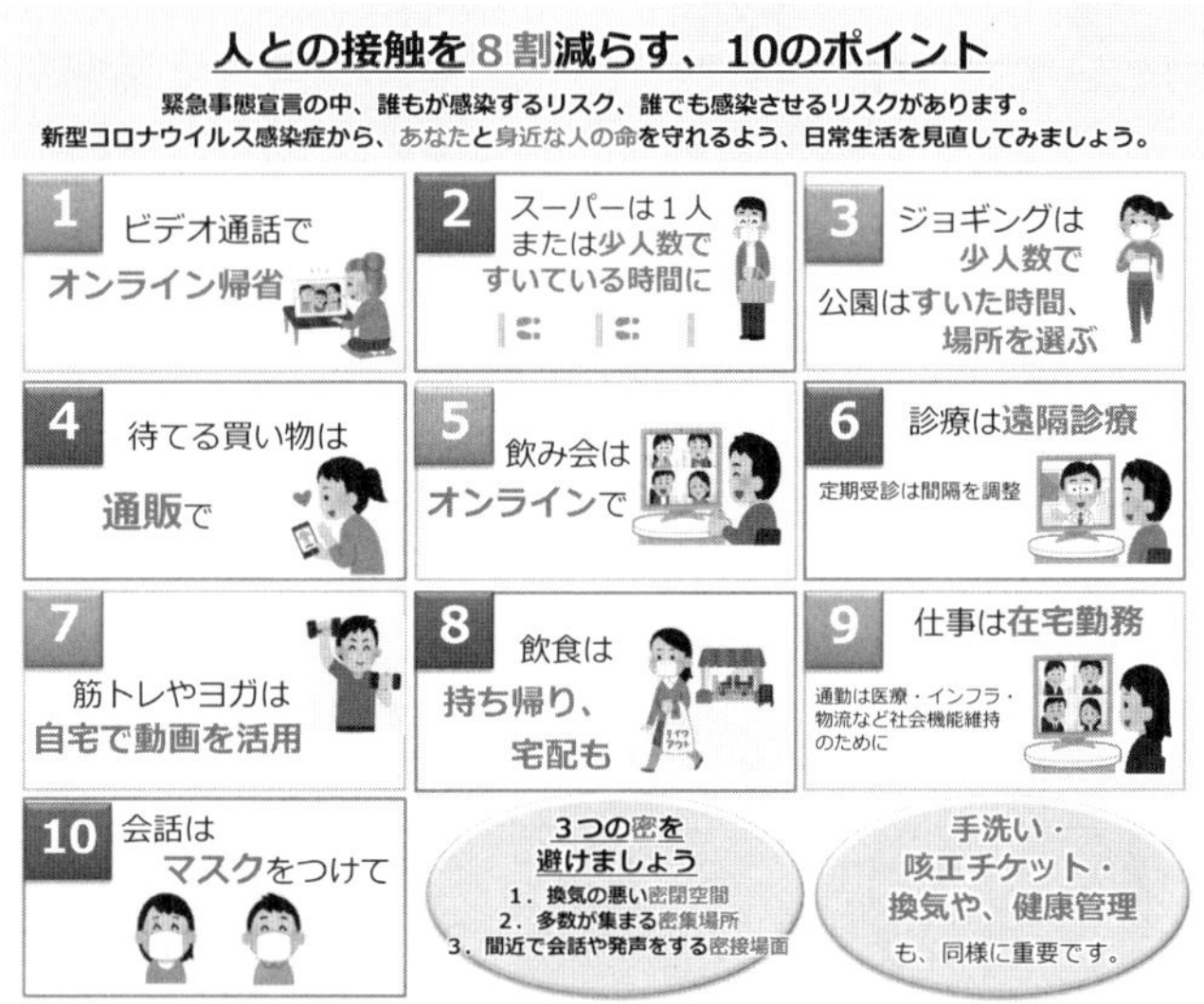

図 1-3 「人との接触を８割減らす、10のポイント」（厚生労働省）

ジだという説明をされましたが、私たちは利得よりも損失を嫌がるという「損失回避」があるにもかかわらず、利他性に国民の意識がいくような表現にしたのはなぜですか。

とてもいい質問ですね。２０２０年4月に、当時、理論疫学の専門家で北海道大学教授だった西浦博さんが、新型コロナウイルス感染症について、外出自粛などの対策をまったくとらなかった場合、重篤な患者が国内で約85万人にのぼり、このうち約半数の40万人程度が死亡する恐れがあるとの試算を明らかにしました。これは、いわば人々の「損失回避」を期待したものので、それが発表されたときには、人々の行動変容を促すきわめて効果が高いメッセージでした。

しかし、大きな問題もあります。それは、損失回避のメッセージは初めてのときは効果的ですが、一度三度と続けられると、急速に効果が薄れます。嫌なことは早く忘れてしまいたいからかもしれません。あるいは嫌なメッセージだとわかっていたらメッセージそのものを見たくなくなるのかもしれません。したがって、人々の行動変容を繰り返して頼むときは、利得を強調した上で、利他的なメッセージのほうが長期的に効果的だということです。人の命を救えると言われれば、何回言われてもうれしいと思いませんか。

行武　確かにそうですね。

3　マスクはなぜ店頭から消えたのか？

ところで、まだ皆さんの記憶にあると思いますが、日本で新型コロナウイルスの感染が拡大し始めた頃、マスクとトイレットペーパーが店頭から消え、なかなか手に入らないことがありました。なぜこのようなことが起きたのでしょうか。

マスクが店頭から消えた！

まずは、マスクが店頭から消えた理由について説明してください。

落合　政府がさかんにマスク着用を呼びかけたため、多くの人が買ったことと、マスクの多くをつくっている中国からの輸出が止まったことで、マスクが店頭から消えてしまったのだと思います。

そうですね。経済学の言葉で言い換えると、「供給」が減って「需要」が増えたので、「供給」よりも「需要」が大きくなった結果としての本当の品不足だったということです。

このような状況のときに、価格を引き上げられないように規制をすると需要が多いままで供給が増えないので、品不足が続き、転売目的の買い占め行動が発生しやすくなります。

価格規制がなくて市場競争がうまく働いている場合には、ある商品に対する需要量が供給量を上回ると、その商品の価格が上がります。そうすると、もとの価格なら買いたいと思っていた人でも、上昇してしまった価格だったら買いたくはないという人が出てきます。つまり、需要量が減ります。また、価格が高くなれば、手元にある商品を売ってもよいと思う人が増えます。つまり、商品の供給量が増えるようになります。短期的には無理でも、かなり高い価格になれば、設備投資をしてでもマスクをつくろうとする企業が出てくるはずです。実際、新型コロナのときにはある電機メーカーは不織布《ふしょくふ》（繊維を織らずに絡み合わせたシート状のもの）のマスクの製造を始めました。

また、不織布のマスクの価格が高くなれば、不織布ではなく布マスクにしようという人が出てきます。政府が「アベノマスク」と呼ばれた布マスクを全国民に配ったのは、布マスクの供給を増やすことで、不織布マスクに対する需要を減らすためだったとも言えます。

つまり、需要よりも供給が上回るという需要と供給のアンバランスが生じたときには、価格が上昇して、供給が増えたり需要が減ったりして、欲しい人に商品が行き渡るというのが、アダム・スミスの考え方でした。「自由放任」にすれば、「見えざる手」が働いて、マスクが店頭から消えるはずはないということです。

例えば、あなたがマスクを販売しているとして、1万箱のマスクしかないのに、買いたい人が100万人いるとしたら、どのようなことを考えますか。

落合　お金持ちには高い値段で売って、普通の人には少し安い値段で簡単に手に届くような値段で売ります。

人によって値段を変えて売るということですね。それなら、あなたは一番利益を多くすることができて、多くの人にマスクを配分することができますね。確かに、映画館・テーマパーク・鉄道などは大人と子どもで料金が違います。しかし、その方法には、問題があります。「お金持ち」と「普通の人」をどうやって見分けるのでしょうか。年齢なら証明してもらいやすいですが……。所得を自己申告してもらいますか？　果たしてみんな本当の所得を申告するでしょうか。お金持ちでも、「普通の人」を装うかもしれません。それに、「普通の人」が安い値段でマスクを買っても、その人が「お金持ち」に高い値段で売って儲けるかもしれません。せっかく落合さんが安い値段で売ったのに、意味がないですね。

では、人によって値段を変えることができなければ、どうしますか。

落合　高い値段で買ってくれる人に売ります。

そうですね。最も高い値段で買ってくれる人に売りますね。その値段がマスク50枚入り1箱1万円だとすると、そんなに高い値段だったら、感染リスクはあるかもしれないけれど、マスクを買うのはあきらめようと思う人がたくさん出てきます。しかし、1万円でもマスクを買おうという人もいます。

つまり、マスクが足りない状況になると値段が上がるということです。そして、マスクは店頭から消えることなく、欲しい人は高い値段で手に入れることができるということになるはずです。

しかし、マスクは一時、店頭から消えました。なぜでしょうか。その理由は、店頭でマスクが消えた頃の値段を見ればわかります。

マスクが店頭から消えた理由

新型コロナウイルス感染症が発生する前までは1箱500円～1000円だったマスクが、2020年4月から7月頃にかけて、2500円～3500円に値上がりしました。しかし、その程度の値段であれば、欲しい人は買うはずです。ですから、マスクはすぐに売り切れてしまい、店頭から姿を消してしまったわけです。では、どうしてドラッグストアなどはもっとマスクの値段を上げなかったのか。それは、あなたがいつも買い物をしている店で、いつも1箱500円で売っているマスクが1万円になっていたらどう感じるかを考えればわかりますね。

行武　ぼったくりだと感じると思います。

そうですね。ということは、もしあなたがそのドラッグストアを経営しているとすれば、お客さんから「ぼったくりだと思われる」ことを予想しますね。そして、ぼったくりの店だと思われて、お客さんを失うようなことはしたくないので、1箱1万円にはしないのです。すぐに売り切れてしまうかもしれないけれども、お客さんが腹を立てない範囲の値段で売ることを選択するということです。そして、どの店でもマスク在庫が品薄になり、マスクが店頭から消えてしまったわけです。

このようなことを解消するためには、政府・メディアの役割として、価格が上昇していることを広報して、値上げは不正でないことを広く人々に認識してもらうことが必要なのです。

実はその頃、インターネット上ではかなり高い値段で売られていました。なぜインターネットではマスクを高く売ることができたのでしょうか。

行武　ネットではどれだけ高くしても、買い手が欲しいから買ったということで批判されにくいからだと思います。

そうですね。インターネット上では売り手も買い手も匿名で、誰が売っているか誰が買っているかわからないからです。だから、高い値段で売ってもぼったくりだとか思われるかもしれないけれども、個人的に恨まれるようなことはありません。だから、高い値段をつけて、その値段でも欲しいという人に売っているわけです。

もちろん、高い値段では買うことができないということで、迷惑する人も少なからずいます。そこで、マスクが欲しい人はいろいろな店を探し歩いて、少しでも安く手に入れようとしたわけです。つまり、値段もさることながら、どれだけ一生懸命マスクを探すかという見えない価格を払っていたのです。普通なら、その商品を手に入れるのに最低限払ってもいい金額が、商品の価格よりも高ければ、その商品を買います。でも、マスクが店頭になかった頃は、マスクの価格とマスクを販売している店を探してその店に行くのにかかる時間と手間が実質的なマスクの価格になっていたのです。

ただし、お金も時間もないけれど、マスクの必要性が高い人がいます。その場合、本当にマスクが必要な人を見分けて、その人にマスクを優先して渡すのはなかなか難しいことがわかると思います。十分な情報がなければ、マスクは誰にでも必要ということで、1人何枚という形で割り当てにするという手段を取ることになります。

4 トイレットペーパーはなぜ店頭から消えたのか？

次に、トイレットペーパーの話です。

一時的に店頭から姿を消したトイレットペーパー

新型コロナ感染症が最初に日本で広まり始めた2020年の3月頃、全国のドラッグストアやスーパーなどの店頭からトイレットペーパーが一時的に消えました。その引き金になったのは、「トイレットペーパーは中国産が多いため、新型コロナウイルスの影響で不足する」という偽情報が流布したためだと言われています。さて、なぜトイレットペーパーが店頭から消えたのでしょうか。

石動　トイレットペーパーは、本当は国内で生産されているので、コロナ禍でも供給はあまり絞られてなかったはずです。したがって、どちらかと言うと社会不安に起因する買い占めが起きたため、みんなが焦ってトイレットペーパーを買いに走ったことが原因ではないかと思います。

なるほど。しかし、供給が十分にあるのであれば、買い占められても店頭から消えないはずではないですか。

石動　一部の人による買い占めがあったため、トイレットペーパーがなくなってしまうことを警戒して、多数の人が「買い占められる前に買っておこう」ということになり、みんなが一斉に買う結果になってしまったんではないかと思います。

でも、倉庫には十分な在庫がありました。それにもかかわらず、なぜ店頭から消えてしまったのでしょうか。

行武　需要が高まりすぎて、生産が追いつかなくなったというよりも、トイレットペーパーの輸送が追いつかなくて、一時的に店頭から消えたということではないでしょうか。

そうですね。日本全体で見るとトイレットペーパーの国内の供給量は決して少なくなったわけではないのですが、店頭に並ぶ数が少ないというだけのことです。トイレットペーパーの製造会社の倉庫には十分な在庫がありました。行武さんが指摘してくれたように、輸送が追いつかなかったことも事実です。なぜ、そういうことが起こるのかと

あわててトイレットペーパーの買い出しに走る親子

言えば、トイレットペーパーは嵩《かさ》が大きいからです。小さな商品であればスーパーマーケットで多くの在庫を持って、大量に店頭に並べて、店頭の商品がなくなってもすぐ補充することはできますが、トイレットペーパーの場合はそうはいきません。

そこで、例えば通常は4ロールパックを1個買う人が、同じものを2個買うようになれば、それだけで売り場からはトイレットペーパーが消え、在庫もなくなってしまいます。つまり、供給が足りないのではなく、需要が増えたために店頭在庫がなくなったということです。

経済学的に言うと、次のようなことです。

トイレットペーパーは国内生産で供給も十分あって、人口も変わらないので、不足するはずはないのに、トイレットペーパーが不足するのではないかという「予想」がたまたま起きます。すると、みんなが買いに走ります。その結果として実際にスーパーなどの店頭では品不足になり、その状況を見て、誰もがトイレットペーパーは本当になくなると思ってしまいます。そして、さらにみんながあわてて買いに走るというわけです。つまり「予言の自己成就《じょうじゅ》」（＊4）が起きたということです。

では、どのようにすればよいかと言えば、消費者が普段から少し多めの在庫を持っておくことです。また、メディアや政府は、品不足の商品棚をことさら見せたり、パニック買いしている人の報道だけをしたりするのではなく、供給が不足していない証拠を示す報道も同時に行うようにすることです。

つまり、トイレットペーパーの在庫は十分にあると明示するということです。そうすれば、仮に「トイレットペーパー不足騒動」が起きたとしても、何も今あわてて買いに走らなくてもいいと、多くの人々は考えるようになるはずです。人々がそのように認識を変えると、トイレットペーパー不足は終わります。実際には不足していないのですから。

買い占め行動をゲーム理論で考える

		相手	
		あわてない	買いに急ぐ
自分	あわてない	2, 2	-1, 1
	買いに急ぐ	1, -1	0, 0

図 1-4　買い占め行動の利得

ところで、トイレットペーパーのケースでは、みんながあわてて買いに行くことで、みんなが損しているという状態が起こったわけです。これは、人々が非合理的だから生じているのではありません。合理的に考えても、このようなトイレットペーパーの不足が発生してしまいます。どうしてそのようなことが起きるのかは、経済学の一分野であるゲーム理論で説明することができます。

図1－4で説明しましょう。ここで、「自分」と「相手」（1人でも、複数でもかまいません）がいて、トイレットペーパーを「買いに急ぐ」か「あわてない」かを考えているとします。左端から見て、自分の選択肢と、そのときの利得が数字で書かれています。上から見ると、相手の選択肢が示されています。

まず、相手が「あわてない」という選択をした場合に、自分も「あわてない」という選択をしたとしましょう。つまり、自分も相手も

＊4 【予言の自己成就】 特定の予想や予言が、それ自体が原因で結果として実現する現象。

「あわてない」ときです。このときは普段通り、スーパーマーケットで、双方ともに4ロールを2パックずつ買うことができます。このときの利得が［2、2］と表すことにします。数字そのものには意味がないのですが、2パックの満足度を2で表しています。1つのマスの中の左側の数字が、自分の利得で、右側の数字が相手の利得です。

次に、自分も相手も「買いに急ぐ」場合には、それぞれが大変な思いをして4ロールを1パックずつ手に入れることができるとします。このような状況を自分の利得は0、相手の利得も0ということにします。それを表しているのが、一番右下のマスにある［0、0］という数字です。

では、相手が「買いに急ぐ」ときに自分は「あわてない」とどうなるかというと、「買いに急ぐ」相手は得をし、「あわてない」自分はトイレットペーパーを手に入れることはできないことになります。これは、図の右上のマスで示された数字の利得で表現されています。自分の利得は-1で相手の利得は1、つまり［-1、1］という結果です。逆に、相手が「あわてない」ときに自分が「買いに急ぐ」とどうなるかと言えば、自分の利得は1で、相手の利得は-1ですから、［1、-1］になります。

このような利得が自分も相手もお互いにわかっている状況で、お互いが話し合えない

		相手	
		あわてない	買いに急ぐ
自分	あわてない	2, 2	-1, 1
	買いに急ぐ	1, -1	0, 0

図 1-5　相手があわてないときの自分の最適戦略

		相手	
		あわてない	買いに急ぐ
自分	あわてない	2, 2	-1, 1
	買いに急ぐ	1, -1	0, 0

図 1-6　相手が買いに急ぐ場合の自分の最適戦略

ときは、自分にとって一番よい戦略はなんでしょうか。

ここで、図1-5の中の四角で囲んだ部分に注目してみてください。相手が「あわてない」ときに自分も「あわてない」のであれば、自分の利得は2ですが、自分が「買いに急ぐ」と自分の利得は1に下がってしまうことがわかります。つまり、相手が「あわてない」ときには、自分も「あわてない」ほうがいいということがわかります。

次は、図1-6で相手が「買いに急ぐ」場合を考えましょう。

今度は、相手が「買いに急ぐ」場合の自分が取る行動による利得を比べればいいのです。図1-6で四角で囲んだ部分に注目しましょう。相手が「買いに急ぐ」ときに自分が「あわてない」のであれば、

		相手	
		あわてない	買いに急ぐ
自分	あわてない	2, 2	-1, 1
	買いに急ぐ	1, -1	0, 0

図 1-7　買い占め行動の最適戦略

自分の利得は-1ですが、自分が「買いに急ぐ」と自分の利得は0です。つまり、相手が「買いに急ぐ」ときには、自分も「買いに急ぐ」ほうがいいということがわかります。

これは、相手にとっても同じです。自分が「あわてない」場合は、相手にとって「あわてない」ことが最適です。自分が「買いに急ぐ」場合は、相手にとって「買いに急ぐ」が最適になります。

つまり、図1－7の丸で囲んだ組み合わせで示されているように、自分も相手も、相手が「あわてない」場合は、自分も「あわてない」ことが最適で、相手が「買いに急ぐ」なら自分も「買いに急ぐ」ことを選ぶのが最適になります。2人が話し合うことができれば、どちらも「あわてない」という選択をすることが一番いいのは明らかです。

しかし、相手と話し合うことができない場合、相手が「買いに急ぐ」を選んでしまったら、自分は「買いに急ぐ」しかありません。自分も相手も非合理ではないのに、「あわてない」という選択ができないのです。

このように自分と相手が同じ行動をとることがベストな結果を生むようなケースを「協調ゲーム」と呼びます。もっとよい選択の組み合わせがあるのに、それを選べないというのが、このゲームのつらいところです。

この場合どうすれば、悲劇的な状況を防ぐことができるでしょうか。「トイレットペーパーはなくなることはない」というメッセージを政府やマスコミが流すことです。そうすれば相手は買いに急がないだろうし、自分も買いに急がないというベストな選択ができるようになるはずです。

囚人のジレンマとは

落合　質問ですが、ゲーム理論の「囚人のジレンマ」という言葉をどこかで見たことがあります。

よく知っていますね。「囚人のジレンマ」とは、今説明した「協調ゲーム」とよく似ているのですが、「協調ゲーム」と利得の組み合わせが少しだけ違っているだけで、両

		相手	
		黙秘	自白
自分	黙秘	-1, -1	-5, 0
	自白	0, -5	-2, -2

図 1-8　囚人のジレンマゲームの利得

		相手	
		黙秘	自白
自分	黙秘	-1, -1	-5, 0
	自白	0, -5	-2, -2

図 1-9　相手が黙秘した場合

者にとって不利な選択をしてしまうケースのことです。簡単に説明しましょう。

図1－8には、囚人のジレンマゲームの利得表が示されています。この図の読み方は、先ほどの買い占め行動のときと同じです。

今、共同で犯罪を行ったため逮捕された2人の囚人が別々に取り調べを受けているとします。そのときに、お互い黙秘すれば懲役1年「利得-1」、お互い自白すれば懲役2年「利得-2」が科されるとします。つまり、自分と相手にとっては「自白」よりも「黙秘」のほうがよい選択肢であることは明らかです。

しかし、別々の部屋で取り調べが行われているため、相手が「自白」しているのか「黙秘」しているのかはわかりません。もし、相手が「黙秘」しているときに自分が「自白」すれば、相手の罪は懲役5

		相手	
		黙秘	自白
自分	黙秘	-1, -1	-5, 0
	自白	0, -5	-2, -2

図 1-10　相手が自白した場合

年「-5」と重くなりますが、自分の罪は懲役0年「0」と軽くなります。逆に、自分が「黙秘」しているときに相手が「自白」すれば、相手の罪は軽く「0」となり、自分の罪は重く「-5」となります。

図1-9の四角で囲った部分で、相手が黙秘した場合の自分の利得がわかります。相手が黙秘した場合は、自分が黙秘すると「-1」ですが、自白すると「0」なので、自白したほうが得です。

図1-10の四角で囲った部分で、相手が自白した場合の自分の利得が示されています。相手が自白した場合は、自分が黙秘すると「-5」ですが、自白すると「-2」なので、自白したほうが得です。

つまり、相手が黙秘しても、自白しても、どちらの場合でも、自分は自白したほうが得になります。相手にとっても、自分が黙秘しても自白しても、相手は自白したほうが得になります。このような選択肢を提示すると、どちらの囚人も、「自白」することを選ぶのです。

もし、2人の囚人がお互いに連絡し合うことができれば、どの戦略を選んでいるでしょうか。おそらく、2人とも「黙秘」することで、懲役の期間を1年にするのではないでしょうか。相手の選択がわからないために、自分にとっても相手にとっても「自白」がよい選択肢になるのです。

このように、自分の利得だけを考えて選択したために、お互い協力した場合よりも、悪い選択しかできないことを「囚人のジレンマ」と呼びます。

5 トイレットペーパー買い占めと銀行の「取り付け」

さて、トイレットペーパーの買い占めと似ている現象の1つに「銀行取り付け」があります。「取り付け」とは、預金者がお金を預け入れている金融機関の窓口に、預金引き出しを求めて殺到する状態のことです。

「取り付け」が起きる理由

多くの場合、「銀行取り付け」は失言や噂がきっかけとなって起きます。日本では、1927(昭和2)年の帝国議会衆議院予算委員会で、当時の片岡直温《なおはる》蔵相が「東京渡辺銀行(＊5)がとうとう破綻をいたしました」と失言して「取り付け」が発生したことが有名です。また、1973年には、女子高校生が列車の中で交わした何気ない会話が

＊5 【東京渡辺銀行】1877(明治10)年、第二十七国立銀行として設立される。1920(大正9)年に行名を東京渡辺銀行と改称。1923年9月に発生した関東大震災後には極端に経営が悪化。1927(昭和2)年の昭和金融恐慌には耐えられなかった。同年、大蔵大臣片岡直温の失言により、本支店の休業を余儀なくされた。

1927年の銀行取り付け騒ぎ　預金者たちが預金を引き出すために銀行に殺到した。その後、取り付け騒ぎは全国に波及した。

発端となって「豊川信用金庫取り付け」が起きましたし、2003年には1人の女性が流したデマのメールがきっかけとなって「佐賀銀行取り付け」などが起きています。

なぜ「取り付け」が起きるのでしょうか。それは、「あの金融機関が危ない」とか「この銀行が潰れそうだ」という噂が流れると、預金者が自分の預金を引き出そうとしてその金融機関に殺到するからです。そして銀行の金庫には、自分の預金を下ろそうとしている人すべてに対応できるだけの現金があるわけではありません。そこで、銀行の前に長蛇の列ができて、「騒ぎ」になるのです。

なぜ銀行の金庫には、「取り付け」が起きても問題ないほど十分なお金がないのでしょうか。

それは、銀行は皆さんから預かったお金をすべて金庫に置いているわけではないからです。銀行に預けられたお金は、例えば住宅ローンとして別の人に貸し出されたり、企業の設備投資資金として貸し出されたりしているのです。銀行は、そのほかにも預かったお金をさまざまに運用して、金利を稼いでいるのです。銀行は、皆さんが預けた預金に金利をつけてくれます。銀行は、皆さんの預金として集めたお金を貸し出して得られる金利収入と皆さんの預金に支払う金利の差額を利益としているのです。

つまり、銀行の金庫には皆さんが預金しているお金のうちのほんの少ししかないということです。普段は銀行預金を引き出す人も預ける人も同じくらいいるので、金庫にわずかな現金しかなくてもほとんど問題はないからです。

ところが、あの金融機関が危ないという噂やデマが広まると、人はあわてて自分の預金を引き出そうとします。つまり、「トイレットペーパーの買い占め」と同じことが起

金融恐慌時に発行された日本銀行兌換券（だかんけん）乙二百円（通称：裏白札）
（1927年発行）

こるわけです。銀行が潰れてしまうと自分の預金が取り戻せなくなると考えて、あわてて引き出しに行こうとするわけです。実際、取り付けのために東京渡辺銀行は経営破綻し、この「取り付け」騒ぎが引き金となって、日本経済が「昭和恐慌」に見舞われたことはよく知られています。

お札は十分あります

では、取り付けを解消するにはどうすればいいのでしょうか。一言で言えば、トイレットペーパーのケースと同じように、「現金は十分ある」ことを見せればいいのです。

実は１９２７年の銀行取り付け騒ぎは東京渡辺銀行にとどまらず、全国規模で波及し、ほかの銀行にも預金者が現金（日銀券）を引きだそうと殺到しました。日本銀行は、各銀行に融通するお札（日銀券）を発行することにしたのですが、間に合いそうにありません。そこで日本銀行は、全国の銀行が臨時休業している2日間で、「新しい」お札を発行することにしました。それは、表面は簡易なオフセット印刷による彩紋の図柄のみ、裏面は印刷を省いた紙幣（通称「裏白札《うらじろ》」）でした。

日本銀行は、不眠不休の作業で印刷した「裏白札」を、全国の銀行に送り、銀行はそれを窓口に積み上げました。預金者が銀行に殺到したのは、自分に必要なお金を下ろすためではなく、自分の預金が下ろせなくなることを心配したからでした。したがって、銀行の窓口に高く積み上げられた紙幣を見て、それが「裏白札」とは知らずに、安心したことは言うまでもありません。こうしてお札不足の危機は回避されたのです。

もう1つの方法は銀行が破綻しても、預金が保護されるようにすることです。2005年から日本では預金保険制度（＊6）が整備されています。

＊6【預金保険制度】万が一、金融機関が破綻した場合、預金者の預金などを保護するための保険制度。預金者が保険料を支払う必要はなく、保険料は預金を預かった金融機関が支払う。金融機関に預金をすると、その預金には自動的に預金保険がかかる。しかし、預金のすべてが預金保険によって保護されるわけではない。対象となる金融機関、預金の種類、限度額等が決まっている。

このような銀行取り付け騒ぎについて経済学的研究を行った3人の経済学者（＊7）に、2022年のノーベル経済学賞が授与されました。

美人投票と株価

要するに、トイレットペーパー騒ぎも、銀行取り付けも、「予言の自己成就」が起きたということです。自分はそんなことは思ってないけれども、周囲の人はこうすべきだと思っているのではないかと誰もが予想していることがあると、周囲の人がすべきだと予想する行動をみんなが取るので、周囲の人の考え方についての予想は当たることになります。なるほど、予想通り、周囲の人はこのように考えていたのだ、と自分の予想は確信に変わります。このようにして誰もが望んでいない行動が、みんなが望んでいるというかたちで継続されていくのです。

経済学では、「美人投票」が「予言の自己成就」の事例としてあげられます。「美人投票」とは、有名なJ・M・ケインズという経済学者が紹介したもので、次のようなことです。

当時の新聞で、100枚の写真の中から最も美人だと思う人に投票してもらい、最も得票が多かった人に投票した人たちに賞品を与えるというイベントが行われました。そのとき、どのようなことが起きるかと言えば、自分が美人だと思う人に投票するのではなく、他の人が最も美人だと思っているだろうと予想している人に投票するということです。

例えば、自分はAさんが一番美人だと思っているけれども、ひょっとしたら他の人はBさんが最も美人だと思っているかもしれない。もし、誰もがそう思うとBさんに投票が集まり、Bさんが1位になるかもしれない。そうだとすれば、自分もBさんに投票したほうがいいと考えるということです。なぜなら、自分では最も美人だと思っている人に投票しても、賞品をもらえないと考えるからです。

つまり、みんなが美人だと思っている人だろうと思う人に投票することが、最も賢い戦略になるはずです。その結果として、誰もそれほど美人だと思っていない人が一番になる可能性があるということです。

実は、株式の場合も同じことです。会社の株を買うときに、値上がりしそうだと自分

＊7　2022年のノーベル経済学受賞者は、ベン・バーナンキ氏（アメリカ合衆国の中央銀行制度である連邦準備制度の最高意思決定機関であるFRB＝連邦準備制度理事会の元議長）、ダグラス・ダイヤモンド氏（シカゴ大学栄誉教授）、フィリップ・ディビッグ氏（ワシントン大学セントルイス校の教授）の3人である。

が思っている会社の株を買っても儲かるとは限りません。美人投票と同じように、みんなが値上がりしそうだと思っている会社の株を買わなければいけないということです。

このようにして、自分はそれほど株価は上がらないと思っているけれども、周りの人は値上がりするのではないかと思っている会社の株価が、本当に値上がりするということがあり得るのです。

「多元的無知」とは

このような美人投票や株式市場の説明からわかることは、事実でないことが現実には起きる可能性があるということです。あるモノや会社の株の実質的な価値を「ファンダメンタル」と言いますが、それ以上に価格が上がることを「経済バブル」と呼びます。

例えば、「紙幣」もバブルです。1万円札をつくるのに約22円しかかかっていませんから、紙幣のファンダメンタルは約22円です。しかし、1万円札は「1万円」の価格がついていますし、誰もが1万円で売り買いしてくれます。つまり、みんなが1万円だと思い込んでいるから1万円だということです。

同じようなことは、社会規範でも起きています。社会心理学では「多元的無知」と呼ばれますが、ある集団の多くの人が「自分はある規範をよいとは思っていないが、他のメンバーのほとんどはその規範を受け入れている」と思い込んでいる状態のことです。したがって、自分もその規範に従わないと、他のメンバーから白い目で見られると考えます。その結果、本当は誰も望んでいないのに、誰もが「みんなそう望んでいる」と信じているために、まったく意味がないどころか、社会的にも問題だとされているような社会規範が残り続けることになります。

サウジアラビアでの社会実験

実は、サウジアラビアでの女性雇用率の低さが、「誰も信じていないことを誰もが信じている」と誤解していることからもたらされていることを実証的に明らかにした研究があります（*8）。

２０１７年におけるサウジアラビアの15歳以上の女性の雇用率は15％ですが、誰でも目にすることができるような家庭外で雇用されている比率は、２０１８年で４％と非常

*8 Leonardo Bursztyn, Alessandra L. González, and David Yanagizawa-Drott. (2020): "Misperceived Social Norms: Women Working Outside the Home in Saudi Arabia" AMERICAN ECONOMIC REVIEW VOL. 110, NO. 10, OCTOBER 2020 (pp. 2997-3029)

に低いものでした。

そのようなことが起きるのは、サウジアラビアでは、妻が家庭の外で働くかどうかの最終決定をするのは夫だからです。サウジアラビアの男性は、女性が外で働くことを許されるべきだ、と個人的には考えているかもしれないけれども、男性の多くは逆の意見を持っていると間違って信じています。そのため、自分が妻に外で働くことを許可することで、自分や妻が社会的な制裁を受けることを心配するのです。社会的に迫害されることを避けるために、自分の妻が外で働くことを許可しないという可能性があります。先ほどのトイレットペーパー騒ぎや銀行取り付けと同じことが起きているのです。

そこで、この研究では、まず、妻帯男性500人を実験参加者として集めました。そして、一度に、30人ずつのグループに集まってもらって、自分自身の意見として「女性は家庭の外で働くことを許可されるべきだ」ということに賛成するかどうかをアンケート調査しました。また、自分以外の29人のうち何人がこの意見に賛成すると思うかも聞きました。

その結果は、次のようなものでした。「女性は家庭の外で働くことを許可されるべきだ」という考えを持っていたのは、全体の87%であり、周囲の人でこの意見に賛成の人がどの程度いるかという質問の平均値は63%でした。つまり、実際にはほとんどの人が女性は外で働いてもいいいと思っているのにもかかわらず、そう思っている人は6割しかいないという思い込みが多くの人にあるために、自分の妻が外で働くことを許さないということになっているのです。

さらにこの研究では、女性の職業紹介のオンライン会社を実験参加者に紹介しました。そうすると、女性就労に関する男性の信念についての正しい情報、つまり「女性が外で働いてもいいと考えている人が9割近い」という情報の提供を受けたグループでは32%が登録し、その情報提供を受けなかったグループは23%の登録にとどまりました。9割近い人が女性は外で働いていいと思っていることを伝えると、伝えられた男性は妻の職業紹介のオンライン会社により多く登録したということです。

正しくはない社会規範が維持されている日本のケース

要するに、自分はそうは思わないけれどみんながそう思っているのではないかという思い込みの結果として、正しくはない社会規範が維持されているということです。日本でも、このようなケースが少なからずありますが、皆さんはどのような例を思いつきますか？

行武　日本では多くの人がマスクを着用し続けていることでしょうか。

そうですね。新型コロナウイルス感染症がまん延し始めて以降、政府は国民に対してマスクの着用を促してきました。しかし、２０２２年の５月に厚生労働省の「新型コロナウイルス感染症対策推進本部」は、「マスク着用の考え方および就学前児の取扱い」について明確な基準を発表し、必ずしもマスク着用の必要がないとしています。簡単に言えば、２メートル以上を目安に周りの人との距離が確保できる場面では、屋内で会話をする場合を除いて、マスクの着用の必要はないということです。

しかしこの発表があって以降も、屋外でも多くの人がマスクを着用していました。なぜそのようなことが起きていたかと言えば、「屋外で2メートル以上の距離があれば、マスクをする必要はない」と自分では考えていても、屋外であってもマスクをつけるべきだと多くの人は考えているのではないかという思い込みが、社会規範を形成している可能性があったということです。

そこで、厚生労働省は、２０２３（令和5）年5月8日からの「5類感染症」移行を受けて、次のような発表をしています。

「マスク着用の必要がないことをこれまで屋外では、マスク着用は原則不要、屋内では原則着用としていましたが、令和5年3月13日以降、マスクの着用は、個人の主体的な選択を尊重し、個人の判断が基本となりました。本人の意思に反してマスクの着脱を強いることがないよう、ご配慮をお願いします」

このような政府のより強い呼びかけによって、屋外でマスクをする人はかなり少なくなっているということです。

そのほかにも、例えば男性の育児休業取得が考えられます。最近、日本でも男性の育児休業取得を進めようとしていますが、なかなか思うようにいきません。日本の男性が育児休業を取らない理由の1つとして、「育児休業をとるような男性はけしからん」と周りの人が思うのではないかという思い込みがある可能性が高いと考えられます。しかし、実際には、そう思っている人たちは上司も含めてあまりいないことも事実です。したがって、政府やマスコミなどが多くの人は男性の育児休暇を認めていいと考えていると示すことによって、状況は違ってくるはずです。

重要なことは正しい情報提供をすれば、望ましくない社会規範を解消することができるということです。

↓「感染症対策に経済学？」講演動画サイトQRコード（https://youtu.be/c8aljuh_ktY）

第2章

落語で学ぶ行動経済学 ——サンクコストを考える

1 「高級生食パン」でサンクコストを考える

この章では、落語を題材にして行動経済学の基礎について解説します。

若手の上方落語家の桂三四郎さんは、さまざまなオリジナル落語を創作して注目されていますが、このたび、「落語で学ぶ行動経済学」（＊9）（133ページ参照）という新作落語を発表されました。3人の高校生（石動さん、落合さん、行武さん）はすでにこの落語を視聴しています。

コンコルド効果とリニア新幹線

落語の中の登場人物は、45年続く地元のスーパーマーケット「マルヨシ」の2代目経営者の松下さんと経営コンサルタントの黒田さん。2人は中学時代の同級生です。実は、松下さんの経営するスーパーマーケットの近くに大手のサンヨースーパーが進出し、それまで順調だった経営状況が思わしくなくなってしまいました。そこで、黒田さんに相談に乗って欲しいと頼むところから話は始まります。

松下さんが黒田さんに相談した最初の話は、「高級生食パン」についてです。松下さんの店でも、かなりの費用をかけて設備を導入して「高級生食パン」を製造・販売していました。ところが、ブームはすぐに下火になってしまい、今はほとんど売れずに、赤字が続いているので、どうしたらいいかという相談です。松下さんの話を聞いた黒田さんは、「コンコルド効果」とか「リニアモーターカー」とか「グリーンピア」の話を始めました。黒田さんは、いったい何を言いたいのでしょうか。

落合　高級生食パンを売り続けることで赤字が続いていて、今後も継続すると大損することになってしまうことは明らかなので、すぐやめてしまったほうがいいということだと思います。

なるほど。では、松下さんはその提案をなぜ嫌がったのでしょうか。

落合　松下さんは「高級生食パン」をつくるために、多額のお金や時間をかけたのだから、いま販売をやめてしまうのはもったいないという気持ちがあるからです。

＊9　https://t.co/VBojPXtLdf

そうですね。では、「もったいない」という気持ちと「コンコルド効果」「リニア新幹線」や「グリーンピア」の話とは、どう結びつくと思いますか。

落合　よくわかりません。

それでは説明しましょう。

「コンコルド」とは、イギリスとフランスの航空機メーカーが共同開発した超音速旅客機です。1976年に定期国際航空路線に就航しましたが、もともと燃費が悪く定員が少ないため収益性が低く、当初から赤字が見込まれていました。結局、2003年には営業飛行を終えることになりました。このことから、赤字になるとわかっていながら開発が進められ、多額の開発費をかけたことがもったいないので、赤字が続いているのに事業が継続されて負債が累積して会社が苦境に陥ってしまうことを「コンコルド効果」と言います。

東京・名古屋間を40分で結ぶ「リニア中央新幹線」については皆さんもよく知っていると思いますが、当初計画の2027年開業は難しく、総工費も当初想定していたよりも1・5兆円増えて7兆円を上回ると見込まれています。2011年に計画が発表されてすでに10年以上たっていて、いまだに開通のめどが立っていないのですから、考えようによってはずいぶん無駄なことをしているように見えます。仮に大幅に遅れて開通したとしても、採算が取れる保証はありません。しかし、すでに莫大なお金がかかっているわけですから、中止するのはもったいないという話です。

松下さんも「高級生食パン」をつくるために相応の金額を使って、いろいろ工夫して頑張ってきたのに、儲からないからといって、やめるのはもったいないと考えているわけですね。

グリーンピアと日本の年金制度

「グリーンピア」については、皆さんが生まれる前の話なので、知らないのも無理はありません。グリーンピアは正式には「大規模年金保養基地」と呼ばれるもので、1961年に成立した「年金福祉事業団法」によってつくられた保養施設です。

黒田さんがグリーンピアを例に出したのは次のような理由があります。

日本では20歳以上の人は国民年金保険料を納付する義務があります。また、働くようになれば厚生年金保険料を納付することになります。年金とは、働いているときに納付して「積み立てて」て、定年後に毎月一定の金額の給付を受けるシステムです。でも、実際に積み立てているわけではありません。支払った保険料は、積み立てられる部分もありますが、そのままそのときの公的年金受給者の給付として支払われます。

少子高齢社会である現在は、年金の保険料を納付する人（若者）が相対的に少なく、一方で年金の給付を受ける人（高齢者）が相対的に多いので、年金財政は大幅な赤字で、そのため毎年政府の財政から多額の支出をしています。

しかし、日本の年金制度ができた当初の1960年代から1970年代にかけては、日本の高度経済成長期に当たり、年金基金は潤沢に積み立てられていました。なぜなら、定年で引退して年金を受け取る人（高齢者）よりも働いて年金を納付する人（若者）のほうが圧倒的に多かったからです。

今から考えれば、将来に備えてその潤沢な年金基金を使ってもっと賢い運用をすべきだったと思います。しかし、当時の政府はその資金の一部を使って保養施設を建設したのです。それが、グリーンピアです。グリーンピアは、厚生年金や国民年金の納付者などの「健康増進と増大する余暇の有効利用」を目的とした保養施設で、全国に13か所建設されました。

グリーンピアは、期待に反して開業当初からあまり人気がなく、ほとんどの施設が赤字続きでした。しかし、公的な資金を使ってつくった施設を、赤字続きだからと言って閉鎖するとか売却するには強い反対の声がありました。そうこうしているうちに、グリーンピアの赤字額は全体で３５００億円以上に膨らんでしまったのです。さすがにこれ以上の赤字は垂れ流すことができないということになり、２００1年12月の特殊法人等整理合理化計画（閣議決定）において、「平成17（２００５）年度までに廃止、特に赤字施設についてはできるだけ早期に廃止する」とされました。そして、グリーンピアの13の施設はすべて安価で自治体などに売却されたのです。

グリーンピアの全施設の建設費は総額約２０００億円でした。それに対して、売却総額はわずか50億円弱と言われています。ですから、ずいぶんともったいない話とも言えます。しかし、売却せずに運営を続けていたら毎年多額の赤字がもっと積み重なって膨大に増えていったわけです。

したがって、たとえ建設に多額の費用がかかっていたとしても、それは忘れて、安い価格であっても売却してしまったほうがいいのです。

サンクコストとは

ところで、コンコルドにしてもリニアモーターカーにしても、またグリーンピアにしても、それをつくるのに多額のコストがかかっています。そこで質問です。このように開発にかけて売却しても戻ってこない費用のことを、経済学では何と呼ぶのでしょうか。

行武　「サンクコスト」です。

そうですね。日本語では「埋没費用」と言います。サンクコストとは、意味のない費用とか無駄な費用ということではありません。それまでにかけた費用が返ってこない場合やこれから先も回収の見込みがないようなときに、かかった費用を「サンクコスト」と呼びます。したがって、これから先の選択によって、それまでかけたコストの額は変わらない場合が、「サンクコスト」です。一方で、コンコルドの開発費にしてもコンコルドを開発する前の段階だと、開発費はサンクコストではありません。グリーンピアの開発費も同じです。開発をする前ですと、その開発をするかどうかを検討する上で、開発した後の収益と、開発するのにかかる費用の大小を比較する必要があります。同じお金でも、これから支払う場合は、サンクコストとは呼ばないのです。同じ費用でも、タイミングによって「サンクコスト」になったり、ならなかったりするのです。
さて、そこで次の質問ですが、黒田さんは松下さんに、「例えば映画を見に行ったとして、その映画が始まって15分で全然面白くないことに気づいたとき、おまえやったらどうする？」と聞いています。黒田さんはいったい何を言いたかったのでしょうか。

石動　映画が無料だったら、もう見ないけれども、自腹で払っていたら最後まで見るというようなことです。つまり、人間は楽しみたいという気持ちよりも損したくないという気持ちのほうが大きいので、松下さんのスーパーでも、「もったいない」という気持ちをお客さんに起こさせるようなことを考えるといいということだと思います。

なるほど。なかなかいいところまでいっていますが、ちょっと混乱しているように思います。ここで黒田さんが言いたかったポイントは、たとえ自分でお金を払っていても、映画を見始めた段階で映画の鑑賞チケット代は、「埋没している」ということです。15分間見てつまらないと思ったときには、その時点で映画を見るのをやめても、映画を見続けても、チケット代に支払ったお金は返ってこないのです。つまり、鑑賞チケット代は「サンクコスト」になっているということです。

もし皆さんが、その映画の無料招待券をもらったとしたら、どうしますか。その映画がつまらないと思ったら、おそらく多くの人は最後まで見ずに、途中でやめるのではないでしょうか。そうだとすれば、自分でお金を払って映画を見たときも、無料招待券のときと同じ意思決定をしたほうがいいはずです。ところが、とかく人は取り返せないにもかかわらず、もったいないとか、取り返せるに違いないと思って最後まで見るということをしがちになります。それは合理的な行動とは言えません。

間違いやすいことなので、もう少し詳しく説明します。

仮にあなたが1500円払って2時間の映画を見始めたところ、初めの15分でつまらない映画だとわかったとします。そうすると、その時点でのあなたの選択は、残りの1時間45分をつまらない映画を見続けて無駄に使うか、それとももう少しましなこと、あるいは有意義なことをするかという二択になります。つまり、最後まで映画を見ても、途中で見るのをやめても1500円は取り返せるわけではないということです。1500円は「サンクコスト」なのです。

どちらを選択しても返ってこない（つまり「サンクコスト」になっている）場合には、

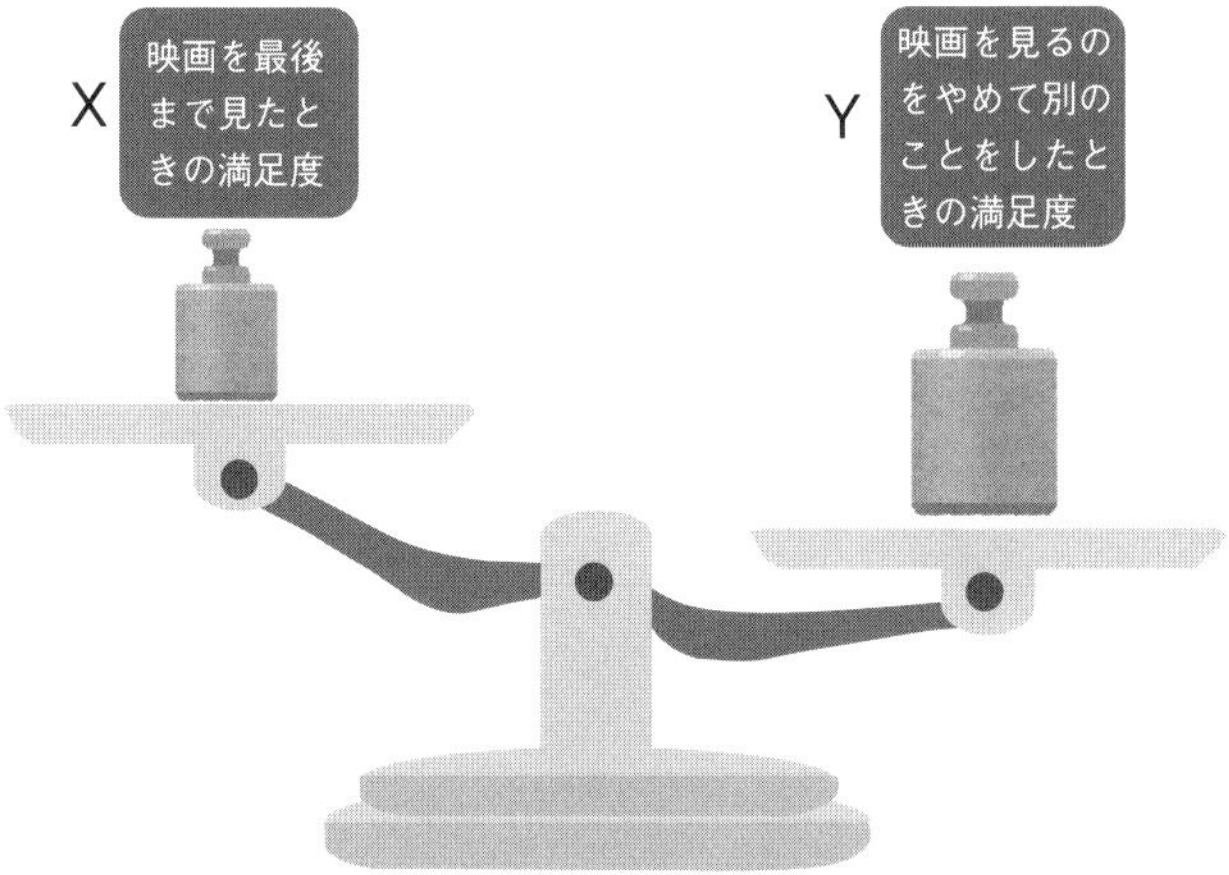

図2-1　X＜Y

それを無視したほうがいいのです。

不等号の数式で、左右に同じ数字がプラスされている場合には、その数字を差し引いても、不等号の向きは変わらないのと同じことです。Xが映画を最後まで見たときの満足度を金銭で表したもの、Yが別のことをしたときの満足度の金銭的価値とします。

もし、お金を払わない場合に、映画を見るのをやめて別のことをしたほうが、映画を最後まで見るよりもよいという判断であれば、次のように表すことができます。

X＜Y　（図2－1）

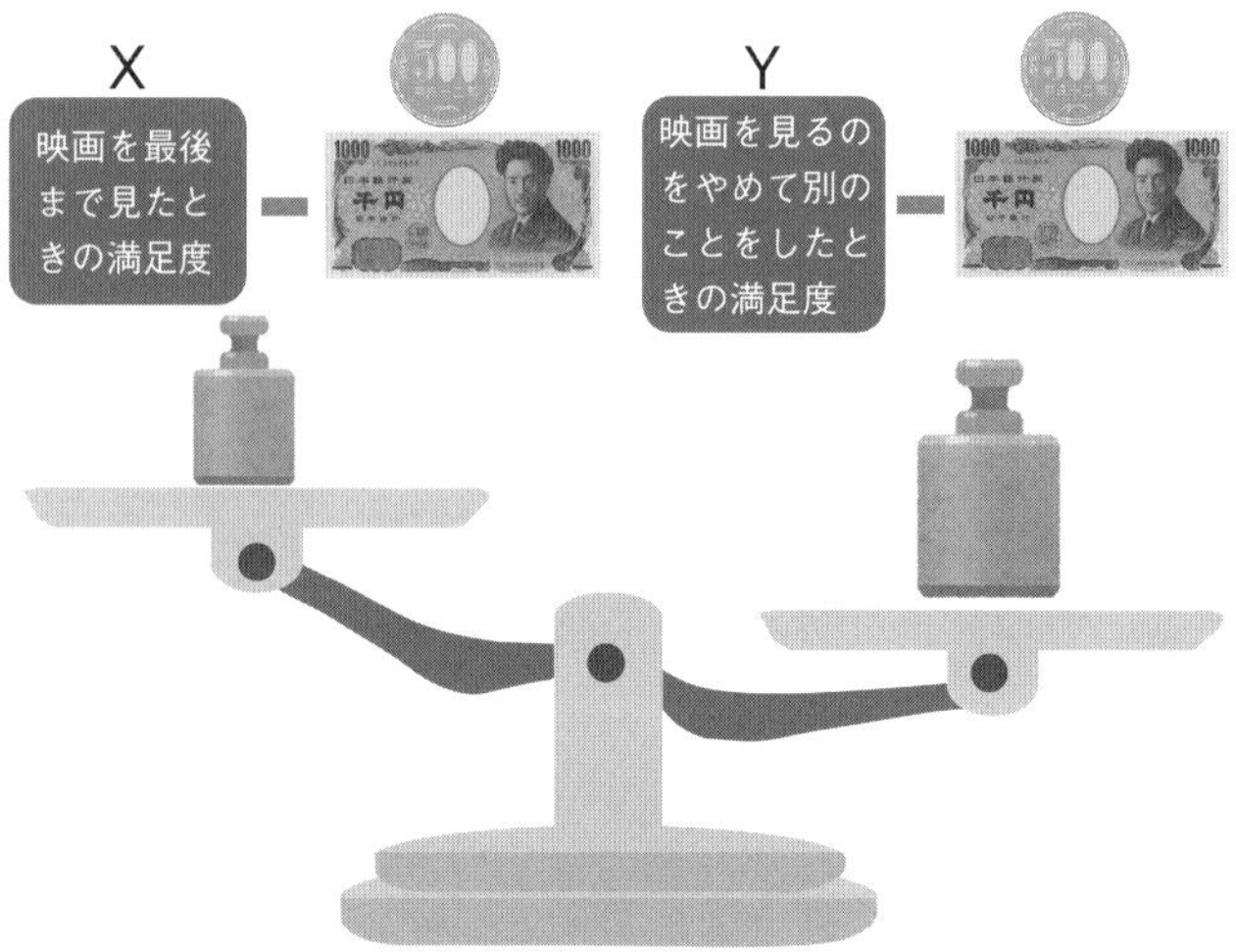

図2-2　X－1500 ＜ Y－1500

サンクコストは、XとYのどちらの選択肢を選んだとしてもかかる費用のことですから、この図2－1式の両辺にサンクコストである1500円を引いても、不等号の向きは変わりません。図2－2式の関係が成り立っているはずです。

X－1500＜Y－1500　（図2－2）

映画のチケット代を払った後、映画を最後まで見るかどうか、という意思決定は、チケット代を払わなかった場合の意思決定と同じはずです。でも、

値崩れを防ぐため、レタスを廃棄する農家

私たちは、サンクコストであるはずのチケット代を、サンクコストではないように感じてしまうのです。映画を最後まで見ると、チケット代が回収できるように錯覚してしまって、最後まで見るほうを選んでしまうのです。

皆さんにすでに読んでいただいている『あなたを変える行動経済学』（東京書籍）では、レタス農家の話を使って「サンクコスト」を説明しています。簡単に言えば、次のような話です。

例えば、レタス1個をつくるのに100円かかったにもかかわらず、豊作による値崩れを防ぐために、廃棄処分にするかどうかを考えている農家がいるとします。このときに、もしあなたがレタス農家だとすれば、レタスを廃棄しますか、それとも、レタスの値段次第では出荷しますかという問題です。

『あなたを変える行動経済学』（東京書籍）では、例として4つの値段をあげています（①200円、②150円、③100円、④50円）。正解は4つの中にはない「1円以上」です。つまり、レタスの生産コストが100円であっても、100円は「サンクコスト」になっているのです。廃棄するのではなく、1円以上であれば売ったほうがいいのです。そもそも自分1人のレタスの出荷の有無で、レタスの価格が影響を受けるという想定も間違いです。レタス市場を独占していれば別ですが。

落合　ちょっと質問ですが、「サンクコスト」を考えると、例えばお店で売れ残りのものがあったときに、売り切れるまで値段を下げていくほうがいいということですね。しかし、次の日以降のことを考えると、定価では売れずに、お客さんは閉店間際に来て値段が下がったものばかり買うということになりませんか。

例えば、その日に売り切れない場合には捨ててしまうような生鮮食品を考えると、閉店間際になれば、仕入れ値段を無視しても値段を下げて売り切るのがベストだというのが「サンクコスト」の考え方です。落合さんの質問は、毎日閉店間際を狙ってくる人がいるという問題にどう対応しますかということですね。

確かにそれはある程度あると思います。しかし、消費者側から考えると、閉店間際に行っても自分の欲しいものがすでに売り切れてしまっているという問題があります。つまり、すべてのお客さんが閉店間際に来るわけではなく、早めに行って定価で買うことを選ぶ人もいるはずです。必ずしも全員が戦略的に値下げを待つようにはならないので、それほど大きな問題が起こらないように思います。

石動　閉店間際に大幅に値段を下げると、普段ついている値段に対して不信感は生まれないのでしょうか。

確かに、そうなる危険性もありますが、それは商品の種類によります。毎日売り切らなくてはならないもので、みんなが納得するような商品であれば問題ないはずです。

2 「コップに入った水」で「参照点」を考える

コップに入った水

さて、落語に戻りますが、黒田さんは次に、「コップに水が半分入っている」という例え話をしていますが、これについてどなたか解説してもらえますか。

行武　コップに水が半分入っているとき、「半分も入っている」と考える人と、「半分しか入っていない」と考える人がいますが、それは参照点が違うと損失にも思えるし、得したような気持ちにもなるということだと思います。

そうですね。「コップに水が半分しか入ってない」という場合は、コップに水がいっぱいに入っている状態を比較対象にしているから「半分しか入ってない」と考え、「コップに水が半分も入っている」と考える場合は、コップに水が入ってない状態を比較対象にしているということです。このように比較対象とする水準を「参照点」と言います。

ここで重要なことは、同じような状態であっても、表現を少し変えること（参照点を変えること）によって、人の認識や意思決定が変わってくるということです。つまり、たとえ同じことであっても、参照点の違いによって、利得を強調したり、損失を強調したりできます。これを行動経済学では「フレーミングの違い」と呼びます。

次に、黒田さんは松下さんにこう言っています。

「例えば、セールにして５００円で売ろうと思ったとき、『安売り５００円』って言うよりも『通常１０００円のところ今だけ50％オフの５００円』としたほうが、おんなじ５００円のもの買うのでもなんか得した気持ちになるやろ」

いったい、黒田さんは何を言いたいのでしょうか。

図 2-3　水が容器の半分まで入っているコップ

落合　「安売り５００円」では元の値段が書いてないので本当に安いかどうかわからないのに対して、「通常１０００円のところ50％オフの５００円」のほうが、具体的にどれだけ安いかがわかるので、人は得した気持ちになるということだと思います。

それを「参照点」という言葉を使って説明すると

どうなりますか。

落合　「安売り500円」では参照点が提示されていないけれども、「通常1000円のところ50％オフの500円」の場合は、「1000円」が参照点になっているので、利得を感じるのだと思います。

そうですね。「安売り500円」という表現では、人は得していると感じるかもしれないですが、ひょっとしたら、「0円」を参照点にする人もいるかもしれません。そうだとすれば、その人は安売りと言われても、500円も支払うと感じてしまうので、この表現では利得感を与えることはできません。

要するに、黒田さんは参照点を使って表現を変えることで、利得を感じさせるという戦略を用いています。これは「損失回避」を使った上手な例と言えます。

「2年待ちの人気店」で「社会規範」を考える

次の質問です。

黒田さんは「2年待ちの店とかあるから、そういう演出をしてみるのもいいんとちゃうか」という提案をしています。いったい黒田さんは何を言いたいのでしょうか。

行武　例えば、牛丼チェーン店だと、予約をしなくても、ほとんどすぐ店に入れるのに対して、超人気の店はほとんど予約もとれないということですから、ここでの参照点は、予約なしで入れる店ということになると思います。

なるほど。石動さんはどう思いますか。

石動　行武さんと同じですが、すぐ買えるお店というのが参照点になるので、人気のある店だということが伝わるということなのではないでしょうか。

「参照点」で考えるというのもいいかもしれませんが、例えば、「社会規範」とか「社会比較」ということと似ていませんか。つまり、みんながいいと思っているというのに合わせるということです。自分がいいかどうかではなく、人気があるかどうかということで選んでいるということです。落合さんはどう思いますか。

落合　はい。「行列が行列を呼ぶ」というような感じで、例えば、その店がもともと小さくて数人しか入れないような場合でも、「2年待ち」ということになれば、多くの人はこの店はめちゃくちゃ人気があると思ってしまうのではないでしょうか。

そうですね。そういうときのポイントは何でしょうか。もし、みんながそのお店が本当にいいのかどうかを完全に知っていたとしたら、こういう宣伝は意味がありますか。

落合　意味はないと思います。単に、忙しく見せたり、満席だということを強調したりすることによって、あたかも人気店であるかのように見せているだけだと思います。

そう、単なる演出だということです。つまりここでのポイントは、そのお店のサービスの質や商品の質がわからないということが大前提としてあるということです。そういうときに、店の前に行列ができていたり、予約2年待ちというような情報があったりしたとすれば、ひょっとするとその店の質が高いからそういうことが起こっているのではないかというようにみんなが思ってしまうわけです。その結果、長い時間行列して待つ人が出ます。つまり、行列して待っている人たちは、長時間待つだけの価値があるに違いないと思っているということです。

学歴と社会規範

要するに、落語の中で黒田さんは、本当に価値があるかどうかがよくわからないときに、行列や予約待ちというようなことを使ったらどうかと言ったわけです。

実は、これは学歴についても言えることです。

例えば、ある有名大学の学生がいるとします。その人はその有名大学に入ったからといって能力が上がっているわけでもないかもしれません。しかし、雇う側がその大学の学生は平均的に質が高いということを知っていたとしたら、その特定の学生の質が高いかどうかには関係なく、採用しようと思うかもしれません。有名大学に入学するにはそれなりの能力と努力が必要ですから、「有名大学入学」をある種のシグナルとして、つまり「学歴」が効いて、その学生は採用されるだろうということです。

ただし、飲食店の場合には、普通以上においしい料理を出さなくてはなりません。なぜなら、実際にはあまりおいしくないということになれば、一度行った人は二度と行かなくなりますし、その情報をグルメサイトやＳＮＳで流すでしょう。その結果、行列がなくなった途端に閑古鳥が鳴く店になってしまうはずです。

「シュークリーム誤発注」で「利他性」を考える

落語の次の話題はシュークリームの誤発注についてです。以前、あるケーキ屋さんが、シュークリームを20個のつもりで間違って200個発注してしまい、ツイッター（現「X」）で「助けてください」と発信したところ、みんな買ってくれたということです。どうしてこういうことが効果的なのかを説明してください。

行武　他の人を助けたいという気持ちを持っている人がいるので、人に助けを請うようなかたちで宣伝をすることで、売り上げを伸ばすことができるということなのかなと思います。

なるほど。利他的な心を持っている人がいるということですね。落合さんは、そういう人を見ると買ってあげたいと思いますか。

落合　助けたいという気持ちにはなりませんが、興味があって面白そうなものであれば買うかもしれません。

でも、このストーリーのように困っていてかわいそうだなという気持ちにはなりますか。行武さんはどう思いますか。

行武　はい。それがかなり話題になっていると、実はそれを自分が買ったということを人に話せるということもあります。

利他的な気持ちに加えて、その商品を買ったことを話題にでき、利他的な人だというイメージもつくれるという意味で、利己的なメリットもあるから買うということですね。

石動　20個分のところを200個発注したということは、店の人は多分いくらか安くしていたはずで、多くの人は安くなっていたから買ったという解釈はできませんか。

買う人が利己的な場合であっても、値段が安くなるので商品が売れるということが起こるのではないかという質問ですね。確かに、そういうストーリーもあるかもしれません。ただ、落語の中で黒田さんがあげたケースでは、定価で販売したはずです。つまり、同じ値段でもこういう表現をしたら助けてくれる人がいるかもしれないので、そういう人に期待しましょうということです。

さて、落語では、黒田さんのアドバイスを受けて松下さんは、「助けてください。間違って普段の20倍の量を仕入れてしまいました。パセリを買ってください」ということをしたけれど、効果がなかったと言います。これはどうしてですか。

石動　シュークリームだったら買う人はいるけれども、パセリは料理でもあまり使わないから、宣伝効果はないと思いました。

落語でも黒田さんはそう答えていましたね。

行武　パセリはシュークリームや生鮮食品とは違って保存がきくため、すぐに買おうという気にならないので、宣伝効果がないと思います。

そうですね。パセリでも小麦粉でも駄目なのです。保存がきくものは、すぐに買ってあげる必要はないですよね。今すぐ売らなくても困ることはないだろうと買い手は考えます。買うほうだって、必要なときにゆっくり買えばいいものだったら、あわてて買うことはないですよね。そういう意味で、商品がパセリだったら宣伝効果はないということです。

ところで、次に松下さんが実際にしたことは、「皆さんが買い物をしないと、我々は野垂れ死にします」という宣伝でした。これはどうしてうまくいかないのでしょうか。

落合　お客さんが買い物したことによって、お店の人だけが得をするっていう感じがあって、買う側はあまりメリットを感じられないからです。

なるほど。ただ、シュークリームの話も基本的には同じことなのに、このケースでは助けてあげたいと思わないのはなぜでしょうか。

落合　シュークリームの話では、もともと20個という「参照点」があげられていたから、それより10倍も多くなったことが具体的にわかるのに対して、このケースでは、ただ「買ってください」と言っているだけのような感じです。

いいポイントですね。シュークリーム20個のところ200個仕入れたというのは、本人の努力とは無関係に、偶然、間違ってしまったということで、運が悪い人だから助けてあげたいという気持ちは起こります。しかし、「皆さんが買い物をしないと、我々は野垂れ死にします」と言われてるだけでは、本人が努力しているかどうかもわからないので、買う気にはなれないということですね。たぶん、それはあるでしょうね。

もう1つは、「我々は野垂れ死にします」と言われれば、1回は助けてあげるかもしれないけれど、そんなことを毎回言われたら、その店に行くのは嫌になりますよね。つまり、松下さんは「損失」を強調しているかたちですけれども、それは本人にとっての損失であり、お客さんにとっては損失でもないので、嫌悪感をもたらすという意味で「損失」が生じてしまいます。

要するに、「皆さんが買い物をしないと、我々は野垂れ死にします」という宣伝は、店が本当に努力しているかどうかがわからないということと、「損失回避」という意味では宣伝効果はあるかもしれないけれども、それが何回も繰り返されたら、買う側は損失メッセージを受けないところを選ぶようになるということで、効果がなくなってしまう可能性があるということです。

3 メッセージの出し方で「社会規範」を考える

ジンクピリチオン効果

さて、落語の中では黒田さんが次に、福島原発事故で放射線被ばくの影響を例に出して、「胎児への悪影響について心配する必要はないと言われている」と言うと、松下さんは、「それ誰が言うてんねん」と聞き、黒田さんは「アンスケアという国連科学委員会や」と答えます。松下さんは「それ怪しいんと違うか」と言うけれども、黒田さんが「日本の産科婦人科学会もそう言うてる」と言うと「それなら信用できるかもしれない」とつぶやく、というようなやり取りをしています。

補足的に説明すると、2021年に「アンスケア」（UNSCEAR：原子放射線の影響に関する国連科学委員会）（＊10）は、「福島第一原発事故による放射線被ばくが直接の

＊10【UNSCEAR】科学的・中立的な立場から、放射線の人・環境等への影響等を調査・評価等を行い、毎年国連総会へ結果の概要を報告するとともに、数年ごとに詳細な報告書を出版している。加盟国は、日本を含め31か国（2022年6月時点）。（外務省ホームページより）

国連科学委員会　公衆の健康影響についての評価
UNSCEAR
The United Nations Scientific Committee on the Effects of Atomic Radiation
原子放射線の影響に関する国連科学委員会
2020年/2021年報告書
放射線被ばくが直接の原因となるような
将来的な健康影響は見られそうにない
と引き続き見なしている
一般公衆の間で放射線被ばくが関係している
先天性異常、死産、早産が過剰に発生したという
確かなエビデンスはない
UNSCEAR2020年/2021年報告書
「科学的附属書B：福島第一原子力発電所における事故による放射線被ばくのレベルと影響：
UNSCEAR2013年報告書刊行後に発表された情報の影響」

図2-4「2011年東日本大震災後の福島第一原子力発電所における事故による放射線被ばくのレベルと影響」（「原子放射線の影響に関する国連科学委員会」・UNSCEAR）

原因となるような将来的な健康影響は見られそうにない」という報告書を公表しています。また、日本産科婦人科学会も、福島第一原発事故での放射線被ばくについて、「ご本人、胎児（お腹の中の児）、母乳ならびに乳幼児への悪影響について心配する必要はありません。実際に受けた被ばく量は人体に影響を与えない低レベルのものです」と発表していて、環境省は「実際に、県民健康調査において現在の福島県における早産率や先天異常の発生率は全国平均よりも低い」と発表しています。

さて、皆さんはこのあたりの話をどう思いますか。

落合　僕個人としては、かなり説得力があると思いました。

そう言われると話が前に進まないのですが……。

落合さんは「アンスケア」を知っていましたか。

落合　いいえ。聞いたことはありませんが、なんとなく信頼できると感じました。

なるほど。確かにそういう効果もあるかもしれません。少し前の話ですが、あるシャンプーの宣伝でフケを抑える「ジンクピリチオン配合」とうたったところ爆発的に売れたという話があります。

ほとんどの人は「ジンクピリチオン」が何なのかわかりませんが、何となくフケを抑えるのによいと感じたのだと思います。現在では、よくわからない専門用語を使って繰り返し宣伝することによって評価や説得力が上がることを「ジンクピリチオン効果」と呼んでいます。

利用可能性ヒューリスティック

「アンスケア」もそれと同じで、権威を感じるという人たちもいるかもしれません。しかし、多くの人は「なんや、それ」と思うはずです。行動経済学では、人は自分が多少でも知っているところを重視すると考えていて、それを「利用可能性ヒューリスティック」と言います。落語ではそういうケースを紹介しているわけです。

「4割」か「6割」か

落語ではもう1つ議論があります。それは、環境省が行った調査結果によれば、いまだに4割もの人が「遺伝的影響が起こる」と誤解しているということです。黒田さんはこれは明らかに逆効果になるので、「6割の人が理解してますって言ったほうが効果的や」と言っていますが、これはどのように理解したらいいですか。行動経済学の言葉を使って説明してください。

石動　言われた数字の大きいほうに引っ張られるので、それで説得されるということですか。

ここでのポイントは、「4割」という数字です。「4割の人が影響があると考えている」と言われると、もしあなたが「影響がある」と思っているのであれば、「やはりそうなのか」と考えるし、逆の立場であっても（つまり、「影響があるとは考えていない」と思っていても）、4割というと決して少ない数字ではないので、自分も「影響がある」と考えたほうがいいのではないかと思ったりするかもしれません。

しかし、「6割」と言われると、やはり健康に影響がないと考える人のほうが多数派だと捉えるでしょう。つまり、人は社会規範に影響を受けやすいという行動経済学的な特性を利用したメッセージの出し方になっているということです。

実は、環境省はこの「アンスケア」の評価報告書を重視していて、「4割」もいるのは誤解だから、これを2割程度にすることを政策目標にしていました。しかし、いま議論したように、2つの問題点があります。1つは、「アンスケア」はあまりなじみがなくて権威が感じられないこと、2つ目は、正しい科学的知識を持っていない人の割合の「4割」を強調すると、それが結構多いように思われて社会規範になってしまい、それに従ったほうがいいのではないかと考える人が出るということです。したがって、実際の社会における多数派である「6割」を強調したほうが、それが社会規範であると伝わりやすいというのが行動経済学の考えるところです。

放射線健康影響に関するリスク認知などを尋ねたWEBアンケート調査

そこで、私たちは、これについてある調査を行いました。2023年3月に全国の成人男女1万2000人を6つのグループに分けて、それぞれに次の6つの情報のうち1つだけを提示して、放射線健康影響に関するリスク認知などを尋ねたWEBアンケート調査を実施したのです。

1．ＵＮＳＣＥＡＲ発表

「放射線の人および環境への影響等を調査し、国連総会及び加盟国に報告を行っている国連の委員会（ＵＮＳＣＥＡＲ）は、『福島第一原発事故による放射線被ばくが直接の原因となるような将来的な健康影響は見られそうにない』と発表しています」

2．産科婦人科学会発表

「日本産科婦人科学会は福島第一原発事故での放射線被ばくについて、『ご本人、胎児（お腹の中の児）、母乳ならびに乳幼児への悪影響について心配する必要はありません。実際に受けた被ばく量は人体に影響を与えない低レベルのものです』と発表しています。実際に、県民健康調査において現在の福島県における早産率や先天異常の発生率は全国平均よりも低いです」

3．健康影響の可能性高いは少数派

「福島第一原発事故の被災地における放射線について、次世代以降の人（将来生まれてくる子や孫など）への健康影響の可能性は高いと答えた人は、約40％と少数派になっています」

4．健康影響の可能性低いは多数派

「福島第一原発事故の被災地における放射線について、次世代以降の人（将来生まれてくる子や孫など）への健康影響の可能性は低いと答えた人は、約60％と多数派になっています」

5．福島県に関わる人たちの考え

「福島県出身の知り合いがいる人や福島県産食品に安心感を持つ人の70％以上は、福島第一原発事故の被災地における放射線について、次世代以降の人（将来生まれてくる子や孫など）への健康影響の可能性は低いと答えています」

6．提示なし

この時点ではすでに、福島第一原発事故の被災地における放射線について、次世代以降の人（将来生まれてくる子や孫など）への健康影響の可能性は高いと答えている人が約

4割いることが公表されていました。つまり、この実験では、それぞれ違うメッセージを受けた後にどう思うかということを聞いたわけです。

実験の結果は次のようになりました。

「1．UNSCEAR発表」、「2．産科婦人科学会発表」、「4．健康影響の可能性低いは多数派」という情報を得た3つのグループでは、〝可能性は低い〟が約6割、〝可能性は高い〟が約4割でほとんど変わりませんでした。

それに対して、「3．健康影響の可能性高いは少数派」の情報を得たグループは、〝可能性は低い〟が55・4%と6割を割り、逆に〝可能性は高い〟と考える人が44・6%に増えたのです。

一方、「5．福島県に関わる人たちの考え」では、〝可能性は低い〟が67・4%と増え、〝可能性は高い〟が32・6%に減っています。

最後に、「6．提示なし」のグループでは、〝可能性は低い〟が53・2%、〝可能性は高い〟が46・8%でした。

詳しくは、「令和4年度アンケート調査結果」（＊11）を見ていただきたいのですが、実験の結果は明白でした。要するに、メッセージの伝え方によって、人々の考え方を変えることができるということであり、落語では黒田さんはこれを使ったというわけです。

閉店セールで行動経済学を考える

さて、落語では黒田さんが「最後の手段」として、「閉店セール」を提案しています。今買わないと買えなくなるとか、最後だからこの店に貢献したいというようないろいろな気持ちをお客に持たせる効果があるし、その余韻が残っているうちにリニューアルオープンするという提案です。

さて、どうしてこれが効果的なのでしょうか。

石動　閉店するとそのお店の商品を買えなくなるとか、お店を助けてあげようと思うので、たくさん商品が売れるようになるということです。

なるほど。そうですね。

行武　これは、「現在バイアス」が関わっているのではないでしょうか。人は、今起きて

＊11　https://www.env.go.jp/chemi/rhm/portal/communicate/result/r4.html

いることに対して過大評価し、逆に将来のことに対しては過小評価するということです。大竹先生の本（『あなたを変える行動経済学』東京書籍）の中では、「今日1万円あげるのと来週1万10円あげるのと、どちらがいいかと言われると、今の1万円を選ぶ人が多い」という例が出ていますが、それと同じで「閉店します」と言われると、今しか買えないと思ってしまうわけです。それによって何か特別感も増すので、その店に寄ってみようかなと思ってくれることを利用していると思います。

「現在バイアス」というよい言葉を使ってくれましたね。確かにそうですね。

もう少しつけ加えると、閉店と聞いて買いに行くお客さんは、何かを買いに行こうと思っているけれども、今でなくてもいいと考えていた人です。つまり、いつか買おうと思っていて、「現在バイアス」で先延ばししているわけです。

これも本に書きましたが、「夏休みの宿題を先延ばしにする」というのと同じことです。皆さんもそうかもしれませんが、夏休みに入る前は、宿題は早めに終わらせて、あとはのんびりしたいと思っていても、どうしても、「今日は遊んだり、自分の好きな本を読んだりしよう」として、宿題を先延ばしにしがちですね。

そういうときにどうすればいいかといえば、例えば、夏休みの宿題の提出期限を早めることです。宿題の提出期限が8月10日であれば、みんな仕方なしにそれまでに宿題を済ませようとするはずです。つまり、閉店セールは、「いつかは買おう」と思っているお客に「今買ってもらう」というところがポイントです。

石動　「現在バイアス」のほかに「損失回避」という面もあるのではないですか。いつか買おうと思っていた人たちは、閉店すると言われると、今すぐ買わないと損をするという思考になるはずです。そこで、その損失を回避したいという気になるので、お客さんが増えるのではないかということです。

買うタイミングが今しかないということですね。そうかもしれません。では、「損失」ではなく「利得」を強調したらどうなりますか。

石動　今なら得だと言うように思います。

そうですね。だから、「今買わないと損します」ということと「今ならお得です」というのは、「損失」を強調するのか「利得」を強調するかの違いであって、そうであれば「今ならお得」という「現在バイアス」だけでも十分に説明ができるし、表現の仕方としては「損失回避」を組み合わせて説明することもできます。

もう1つ言えば、黒田さんは、「閉店セール」と「リニューアルオープン」をセットにして提案していることです。そうすることによって、お客さんをつなぎとめて、サンヨースーパーに流れないようにするということです。

松下さんが「閉店」を選択した理由

最後に、黒田さんは、サンヨースーパーに視察に行くことを松下さんに提案します。「サンヨーにあってマルヨシにないもの」と「マルヨシにあってサンヨーにないもの」を見極めて、差別化して生き残る道を探すためです。しかし、サンヨースーパーを視察した松下さんは、マルヨシの閉店を決断してしまいます。

黒田さんの「なぜか」という質問に対して、松下さんは次のように答えます。

「サンヨースーパーはさまざまなセールをしているし、高い商品と中間の商品と普通の商品というように3種類そろえて絶妙な値段設定をしている。目玉商品も何とかセレクション金賞受賞とか、某芸能人絶賛とか、目を引くようにしている。さらには、売り上げの一部をユニセフなどの慈善団体に寄付することによって、ここで買い物をすることで社会貢献しているとお客さんが思うようにしている」

要するに、「黒田の言うことはすべてやっているんや」ということです。それに対して黒田さんは、サンヨースーパーは「行動経済学を勉強してるんやな」と答えます。つまり、黒田さんは行動経済学観点からさまざまな提案を松下さんにしていたというわけです。

行動経済学者としても、とても興味深い落語だと思いますので、皆さんももう一度視聴してみてください。きっと、行動経済学についての理解がより深まるはずです。

トイレの個室が空かないとき、あなたならどうしますか？

ところで、落語の話はこれで終えることにして、最後に、あるお笑い芸人から受けた相談事を紹介します。それは、次のような話です。

「ビルの建物である階のトイレに行ったところ全個室が埋まっていました。しばらく待ってもなかなか空きません。そういうときには、別の階のトイレに行くべきでしょうか、それとも待ち続けるべきでしょうか？」

さて、皆さんならどうアドバイスしますか。

落合　せっかくしばらく待ったのだから、もう少し待てば空くかもしれないので、そのまま待っていたほうがいいとアドバイスします。

行武　私は逆です。例えば、待っていた時間が10分であれば、それを「サンクコスト」と考えて、それ以上待つよりも、時間を有効活用するために別の階のトイレに行って確認したほうがいいとアドバイスします。

現状維持バイアス

確かに、落合さんが言ったように、ここまで待ったのだからもったいないから、もうちょっと待ったほうがいいという考えもあるかもしれません。しかし私は、行武さんと同じように、他の階に行ったほうがいいというアドバイスをします。なぜでしょうか。

トイレが空くのを待つべきか、それとも別の階のトイレを探すのか、というのは当事者にとってみれば、とても深刻な悩みです。「10分もたっているのだから絶対もうそろそろ出てくるでしょう」と考えるかもしれませんが、同時に、「これはどうも待っていても駄目なのではないか」とも思うわけです。「待っていたほうが絶対にいい」ということであれば、誰も悩みませんが、「待っていても駄目かもしれない」と思うから悩むわけです。

実は人間は、「今までこうしていたのだから、このままでいたほうがいい」と考える傾向があります。これは、サンクコストに近い考え方ですが、行動経済学ではそれを「現状維持バイアス」と言います。つまり、人間には「現状維持バイアス」があるということを前提に考えると、どうすればいいか悩んでいるのであれば、別の階のトイレを探しに行ったほうがいいということになります。

悩みごと相談コーナーとコンピューター占い

ちょっとわかりにくいかもしれないので、もう少し詳しく説明しましょう。

実は現状維持バイアスについて、アメリカのシカゴ大学のスティーヴン・レヴィット教授が興味深い実験を行っています（＊12）。レヴィット教授は、自身が運営する人気サイトで、各自が持っている悩みをサイトの訪問者に教えてもらう「悩みごと相談コーナー」を設けました。人は誰でも、悩みを持っています。それは例えば「転職するか否

＊12　LEVITT, S.D. (2021): "Heads or Tails: The Impact of a Coin Toss on Major Life Decisions and Subsequent Happiness," The Review of Economic Studies, 88, 378-405.

か」「離婚するか否か」といった重大な悩みから、「ダイエットをすべきかどうか」といったさほど重要ではなさそうな悩みまで、さまざままでです。

しかし、単に悩みごとを集めるというだけでは、誰も答えてくれそうにありません。そこで、レヴィット教授のコーナーでは、「変化するか、現状維持か」をコンピューター上のコイントスで決めるようにしたのです。多くの悩みは、「変化するか、現状維持か」という二者択一的なものですから、それを「表が出たら変化」「裏が出たら現状維持」というように決めるというわけです。

この「占いコーナー」は人気を博し、多くの人が悩みを書き込み、コンピューター占いを使いました。さて、ここで2つの疑問が起こります。1つは、悩みを持つ人がなぜ「占い」に頼るのかということ、もう1つは調査結果がどうだったのかということです。

順を追って、考えてみましょう。

人はなぜ占いに頼るのか

まず、悩んでいる人がなぜ占いに頼るのかという問題です。不思議に思う人もいるかもしれませんが、実は答えは簡単です。

人がある事柄について二者択一で悩んでいるのは、どちらの選択肢も自分にとって同じくらいの価値があると考えているからです。つまり、「現状維持」でも「変化」でもどちらでもよいと考えているのです。そうだとすれば、自分で選択せずに占いに頼ったほうが気が楽になるということです。

例えば、離婚するかどうかを悩んでいる人は、

離婚しない（現状維持）＝離婚する（変化）

と考えているということです。どちらも同じくらい魅力的な選択肢だからこそ、迷っているのです。もし、どっちかの選択肢のほうが魅力的だとわかっていたら迷うことはなく、自ら簡単に決断できるはずです。したがって、占いに頼ることはないわけです。

次のような例を考えるとわかりやすいかもしれません。

もし皆さんが大学受験で、希望するA大学とB大学の両方に合格したとします。仮に、最初からA大学のほうを希望していたのであれば、おそらく迷うことはないでしょう。

しかし、もしどちらにしようと迷っているのであれば、それは自分にとってB大学もA

大学と同じくらいよいと考えているからです。

そこで、皆さんはA大学にするかB大学にするか決めかねて、高校や塾の先生あるいは両親や友達に相談するかもしれません。相談することで新しい情報を得て、A大学のほうがよいとか、逆にB大学のほうがよいとか判断に変化が生じるでしょう。しかし、もう十分に情報を持っていて迷っているのであれば、くじ引きあるいはコイントスで決めてもいいはずです。

このように考えると、人がある意思決定をするときに「占い」に頼り、その結果通りに決断するということは決して不思議ではありません。

占いで判断してもよいケースは意外に多い

実は、実際にそういう例は意外に多いのです。例えば、皆さんが企業の経営者になったとします。企業の経営者になると、部下から「A案とB案のどちらがいいか、判断できないので社長の決断を仰ぎたい」というようなケースが必ず出てきます。そういうとき、部下が知らない情報をあなたが持っていないなら、社長のあなたは占いやサイコロで決めてもいいということです。なぜかと言えば、A案もB案も優秀な担当者が一生懸命考えた結果であって、みんなで議論しても甲乙つけがたいから、社長に決断をして欲しいと言っているからです。

同じことは、「明日の株価」についても言えます。例えば、ある会社の株価が明日値上がりすると考えられているとします。そうするとどういうことが起きるかと言えば、みんながそう予想した段階で、その会社の株を今日買うはずです。その結果、その会社の株価は今日値段が上がってしまうことになります。

つまり、明日値段が上がるとみんなが思っている会社の株価は、今日の段階ですでに値上がりしてしまっているので、その株が明日上がるかどうかは誰もわからないということになります。つまり、株価が上がるか下がるかの確率は五分五分であり、そうだとすれば、サイコロを振って今日株を買うかどうかを決めても同じということになります。

「変化」を選んだ人のほうが幸せ

さて、レヴィット教授は占いに参加してくれた人に、2か月後と6か月後に、実際にコンピューター・コイントス占いの結果通りに行動したかどうか尋ねるという調査を行いました。皆さんは悩みごとを占い通りに解決しようとするかどうかわかりませんが、

図 2-5　現状維持の価値と変化の価値が同等となっている状態

その調査では約6割の人が、占いに従ったことがわかりました。

調査対象になった人には、コイントスでたまたま表が出たから現状維持を選択した人と、裏が出たために変化を選択した人がいます。そして、この占いで、表が出るか裏が出るかは完全に偶然です。そこでレヴィット教授は、その偶然に従って現状維持を選んだ人と変化を選んだ人で、2か月後と6か月後にどちらが幸せだったかを調べたところ、「変化」を選んだ人のほうが幸せという結果が出ました。そして、「その判断は正しかった」と思っている人も多かったのです。

なぜこのようなことが起こるのでしょうか。それは、人の判断には「現状維持バイアス」が関係しているからです。どういうことなのか、説明し

図 2-6　現状維持の価値に現状維持バイアスが付加している状態

ましょう。

　繰り返しになりますが、もし、客観的に見て現状維持(あるいは変化)のほうが圧倒的によければ、人は「現状維持か、変化か」に迷うことはなく、どちらかを選択するはずです。人は、「現状維持」と「変化」が同じ価値に思えるから悩むのです(図2－5)。

　しかし、人は現状をより重視するという「現状維持バイアス」を持っていると考えることができれば、話は変わります(図2－6)。つまり、「現状維持」という判断にはバイアスがかかっていて、実際よりも高い価値に見えるので、あたかも「変化」と同じ価値に見えているということです。したがって、「現状維持バイアス」を除いて客観的に判断することができれば、人は必ず「変化」を

図 2-7　現状維持バイアスを除いた場合の価値の比較

選ぶことになるはずです（図2－7）。

先ほどの式を次のように書き直すと、わかりやすいかもしれません。

「現状維持」の価値と感じているもの　＝「変化」した場合の価値

もし現状維持バイアスがあるのならこの式は、本当は、次のようになっているはずです。

本当の「現状維持」の価値　＝「現状維持」の価値と感じているもの－「現状維持バイアス」＜「変化」した場合の価値

このように考えて、「このまま待つか」「他の階のトイレを探すか」と悩んでいる人に対して、私は「ほかの階のトイレを探したほうがいい」というアドバイスをしたわけです。繰り返しになりますが、人は２つの事柄の価値が等しいと思い込んでいるから迷うのであり、「現状」には「現状維持バイアス」があることを理解できれば、迷ったときは「変化」を選ぶというのが私からのメッセージです。

↓「落語で学ぶ行動経済学」
動画サイトQRコード
(https://t.co/VBojPXtLdf)

第3章

ラグビー日本代表で学ぶ日本経済 ——「代替」と「補完」を考える

1 ラグビー日本代表のメンバーは？

２０１９年に日本で開催されたラグビーワールドカップ第9回大会で、日本は予選リーグで４勝をあげ、史上初のベスト８に輝きました。また、フランスで開催された２０２３年のラグビーワールドカップ第10回大会では、予選リーグで２勝（２敗）しましたが、残念ながら決勝トーナメントに進むことはできませんでした。しかし、１９８７年に始まったラグビーワールドカップで、２０１１年までは通算でわずか１勝しかできなかった日本が、２０１５年以降は９勝３敗という見事な成績を収めています。なぜ日本のラグビーは世界の強豪に伍するまでに強くなったのでしょうか。この章では、ラグビー日本代表を参考にしながら、３人の高校生と一緒に、日本経済の将来について考えてみたいと思います。

ラグビー日本代表のメンバーは？

皆さんはラグビーというスポーツを経験したり、観戦したりしたことはありますか。

武行　テレビやネットで盛んに取り上げられていたので、今回の試合は見ました。ただ、ルールなどはよくわかりません。

では、簡単に説明しましょう。

ラグビーは、楕円形のボールを相手側の陣地に持ち込んで得点を競い合う球技です。1チームの選手は15人で、試合時間は前後半それぞれ40分の計80分で行われます。基本的なルールは、ボールは常に立った姿勢で持つこと、ボールを持っている相手はタックルという組みつきで止めることができること、タックルされたりされそうになったりした場合には自分よりも後ろの味方にパスすること、ボールを前に投げたり落としたりすると反則になることなどです。そして、反則後はスクラムやペナルティーキックなどで試合が再開されます。相手チームの陣地の奥にあるインゴールという場所の地面にボールをつけるトライというかたちで5点が入ります。また、トライが成立した後に与えられるゴールキックや相手のペナルティーキックでもゴールポールの間を通過させると点数が入ります。

どのようなスポーツも、自分で経験したり観戦したりすることによって、ルールがわかるようになって、より興味がわくものなのですが、ここで知って欲しいことはラグビーのルールというよりも、ワールドカップ日本代表のメンバーについてです。

石動　そういえば、サッカーワールドカップの日本代表はすべて日本国籍を持つ選手なのに、ラグビーは外国出身の選手が日本代表になっていますね。

そうです。この章をラグビーワールドカップの話から始めたポイントはそこにあります。２０１９年ワールドカップ日本代表メンバー31人中約半数が外国出身者で、出身国も６か国に及んでいたのです。

なぜそんなことが起きるのかと言えば、それは各国のラグビーワールドカップ代表に選出されるための条件を見ればわかります。代表選手になるためには、次の４つの条件のうちの少なくとも１つを満たせばよいのです。

1　当該国・地域の生まれ
2　両親および祖父母のうち１人が当該国・地域生まれ
3　当該国で５年以上、継続居住

4　当該国で通算10年居住

つまり、日本で生まれていなくても、両親や祖父母が日本で生まれていなくても、日本に5年以上継続して居住するか通算10年以上居住していれば、ラグビーワールドカップ日本代表になることができるということです。ここでは、そのような日本代表を「外国出身の選手」と呼ぶことにします。

実際、日本代表のすべての外国出身の選手は日本のクラブチームに所属して日本のリーグでプレーしています。要するに、日本生まれではない外国出身の選手が、ラグビー日本代表として、国際試合を戦っているということで、これは日本経済の将来の1つの方向を示していると考えられます。

日本の人口減少と外国人労働者の受け入れ

どうして、ラグビー日本代表と日本経済の将来が関係しているのでしょうか。それは、日本の人口減少が理由です。皆さんも、日本では人口減少が続いていることは知っていると思います。どのくらい人口が減っていくかご存じですか。

国立社会保障・人口問題研究所が２０２３年に発表した予測だと２０２０年からの10年間で日本の人口は６０３万人減少し、２０３０年からの10年間でさらに７２８万人減少すると予測されているのです。つまり、２０２０年からの20年間で、合計約１３３１万人の人口が減るのです。２０２３年の東京都の人口は約１４１０万人ですから、20年間で現在の東京都の人口が日本からいなくなるということです。人口減少はその後も加速して、２０５０年までに２０２０年の人口から17％減少し、１億人程度になると考えられています。

人口が減れば、働く人の数も減ります。働く人が減れば、その分だけ、モノをつくったり、サービスを提供したりすることができなくなりますから、日本の経済力も弱くなります。もちろん、人口が減るのですから、モノやサービスを必要とする人も減ります。問題は、働く人が減ってしまうスピードとモノやサービスを必要とする人が減るスピードのバランスです。

そのバランスは、労働力率で判断できます。労働力率とは、働く人の数、つまり労働力人口が、人口に占める割合のことです。ここで労働力人口とは15歳以上人口のうち、就業者と完全失業者を合わせた人口のことです。要するに、働いている人と働きたいけれど仕事が見つかっていない人の数のことです。2024年3月に発表された予測ですと、2022年に62・5％だった日本の労働力率は、もし性別・年齢別で働いている人の割合がそのときのままだと、2030年には、60・9％に低下し、2040年には59・2％になるとされています（＊13）。これは、高齢者の割合が増えるので、働かない人の比率が増えることになるからです。

岸田文雄政権の「異次元の少子化対策」で、出生率を増やせばなんとかなると思っていませんか。間に合いません。仮に、2024年から子どもの数が急に増えたとしても、その子どもたちが働けるようになるのに最低でも15年から20年かかります。これからの人手不足を少子化対策だけで切り抜けるのは無理です。

現在でも深刻な人手不足と言われていますが、今後はさらに深刻な状況になるということです。このような人口減少による労働力不足に対応するにはどうすればいいでしょうか。労働力率を引き上げることが、その対応策の1つです。女性の労働力参加率は、

＊13　独立行政法人　労働政策研究・研修機構「2023年度版　労働力需給の推計（速報）―労働力需給モデルによるシミュレーション」（2024年3月11日）https://www.jil.go.jp/press/documents/20240311.pdf
成長実現・労働参加進展では、2030年に64・4％、2040年に67・0％と、2022年水準よりも上昇することが見込まれている。

継続的に上昇してきましたが、男性よりもまだ低いので、上昇の余地があります。同様に、高齢者の労働力参加率も引き上げることが可能です。実際、日本政府が人手不足解消のために取り組んでいることのうち2つが女性と高齢者の就業を促すことです。つまり、より多くの女性が働くようになること（女性労働力率の上昇）と高齢者が引退することなく働くようになること（引退定年年齢の引き上げ）なのです。

人手不足になれば、賃金が上がります。賃金が高くなれば、今まで働かないことを選んでいた人の中には、働くことを選ぶ人も出てくるでしょう。長時間労働はしたくない、という人が多ければ、企業は働き方改革を進めて、残業しなくてもよい労働環境を整備すると思います。日本政府もその後押しをしています。ＡＩやロボットを使って、人間でなくても仕事ができるようにする企業も増えるはずです。

もう1つの人手不足対策が、外国人労働者の受け入れ増加です。２０２３年に国立社会保障・人口問題研究所が発表した「日本の将来推計人口」では、２０１８年の予測よりも、年間の外国人の入国超過数（入国者数－出国者数）は増加すると想定を変更しています。２０１８年の予測では、２０３５年の外国人の入国超過数は年間約6万9０００人と想定されていましたが、２０２３年の予測では、２０４０年の入国超過数は年間約16万4000人に変更されました。2023年の日本の出生数は約75万人（厚生労働省発表）で、国立社会保障・人口問題研究所は2038年には70万人を下回ると予測していますから、年間で16万人以上の外国人が増えることは大きな影響です。

今後、日本で働く外国人労働者が増えていくことは間違いありません。外国人労働者が増えると、私たちの仕事にどのような影響が出るのでしょうか。それを考える上で、すでに外国出身の選手が半分近くを占めているラグビー日本代表はいい題材となります。

ラグビー日本代表に外国出身の選手が増えたことによる影響

ラグビー日本代表に外国出身の選手が増えたことによって日本のラグビー界にはさまざまな影響がありましたが、それを考えるためのヒントとして、ラグビーのメンバー構成について少しだけ補足します。

まず、先ほど説明したように、ラグビーは1チーム15人でプレーしますが、そのうち8人がフォワード（FW）、7人がバックス（BK）としてそれぞれの役割を担います。

フォワードは背番号1番から8番をつけ、スクラムを組んで相手を押し込み、ボールを奪取することが重要な役割になります。相手との接触が多いため、体格に優れた選手が有利になります。一方、バックスは奪ったボールをよりスピーディに運び、相手ゴールに飛び込んで得点を奪うことが最大の役割です。したがって、スリムで足が速く、攻撃の際にパスやキックを使えるテクニックのある選手が求められます。

2019年ワールドカップの日本代表には、フォワードが18人（うち11人が外国出身者）、バックスが13人（うち4人が外国出身者）の計31人が選出されています。その内訳を見ますと、選出された31人の選手のうち15人は外国の出身者で占められているのです（表3－1）。

さて、ラグビー日本代表に外国出身の選手が増えたことによって、日本のラグビー界にどのような影響があったと考えられるでしょうか。

落合　外国出身の選手が増えることで、英語でお互いにコミュニケーションをとり、プレーについての知識の幅を広げることができることと、外国出身の選手のほうが優れているので、日本人選手はどうすれば試合で活躍できるかというアドバイスを受けることができることだと思います。

石動　外国出身の選手のほうが日本人よりも運動能力があるので、外国出身の選手を入れ

FW	名前	所属チーム	出身校	生年月日
1	稲垣 啓太	パナソニックワイルドナイツ	関東学院大学	1990/6/2
2	木津 悠輔	トヨタ自動車ヴェルブリッツ	天理大学	1995/12/2
3	具 智元	ホンダヒート	拓殖大学	1994/7/20
4	中島 イシレリ	神戸製鋼 コベルコスティーラーズ	流通経済大学	1989/7/9
5	ヴァル アサエリ愛	パナソニックワイルドナイツ	埼玉工業大学	1989/5/7
6	北出 卓也	サントリーサンゴリアス	東海大学	1992/9/14
7	坂手 淳史	パナソニックワイルドナイツ	帝京大学	1993/6/21
8	堀江 翔太	パナソニックワイルドナイツ	帝京大学	1986/1/21
9	トンプソン ルーク	近鉄ライナーズ	リンカーン大学[NZ]	1981/4/16
10	ヴィンピー・ ファンデルヴァルト	NTTドコモ レッドハリケーンズ	ネルスプロイト高校 [RSA]	1989/1/6
11	ヘル ウヴェ	ヤマハ発動機ジュビロ	拓殖大学	1990/7/12
12	ジェームス・ムーア	宗像サニックスブルース	ブリスベンステート高校 [AUS]	1993/6/11
13	ツイ ヘンドリック	サントリーサンゴリアス	帝京大学	1987/12/13
14	徳永 祥尭	東芝ブレイブルーパス	関西学院大学	1992/4/10
15	リーチ マイケル	東芝ブレイブルーパス	東海大学	1988/10/7
16	ピーター・ラブスカフニ	クボタスピアーズ	フリーステート大学 [RSA]	1989/1/11
17	姫野 和樹	トヨタ自動車ヴェルブリッツ	帝京大学	1994/7/27
18	アマナキ・レレイ・マフィ	NTT コミュニケーションズ シャイニングアークス	花園大学	1990/1/11
BK	**名前**	**所属チーム**	**出身校**	**生年月日**
1	茂野 海人	トヨタ自動車ヴェルブリッツ	大東文化大学	1990/11/21
2	田中 史朗	キヤノンイーグルス	京都産業大学	1985/1/3
3	流 大	サントリーサンゴリアス	帝京大学	1992/9/4
4	田村 優	キヤノンイーグルス	明治大学	1989/1/9
5	松田 力也	パナソニックワイルドナイツ	帝京大学	1994/5/3
6	福岡 堅樹	パナソニックワイルドナイツ	筑波大学	1992/9/7
7	アタアタ・モエアキオラ	神戸製鋼 コベルコスティーラーズ	東海大学	1996/2/6
8	レメキ ロマノ ラヴァ	ホンダヒート	ランコーン高校[AUS]	1989/1/20
9	ウィリアム・トゥポウ	コカ·コーラレッドスパークス	ブリスベンステート高校 [AUS]	1990/7/20
10	中村 亮土	サントリーサンゴリアス	帝京大学	1991/6/3
11	ラファエレ ティモシー	神戸製鋼 コベルコスティーラーズ	山梨学院大学	1991/8/19
12	松島 幸太朗	サントリーサンゴリアス	桐蔭学園高校	1993/2/26
13	山中 亮平	神戸製鋼 コベルコスティーラーズ	早稲田大学	1988/6/22

表 3-1　2019年ラグビーワールドカップ日本代表

ることによって戦力の強化にもつながると思います。また、外国出身の選手の活躍がメディアを通していろいろと伝えられることによって、日本に移住している一般の外国人への心無い偏見を減らすという役割も果たしているように思います。

なるほど。優れた外国出身の選手のおかげで、日本代表が強くなるだけでなく、彼らからのアドバイスによって日本人選手が強くなるという影響もあるということですね。また、外国人への心無い偏見は日本で完全に消えたわけではありません。日本代表に外国出身の選手が増えて、外国人に対する好印象が広がると、日本社会での外国人の偏見も減る可能性がありますね。

他にはどうでしょうか。ヒントを出しましょう。先ほど私は、フォワードとバックスの違いを強調しましたが、この点について何か考えられませんか。

行武　フォワードとバックスを比べてみると、フォワードのほうがバックスよりも外国人が多いことがわかります。ということは、フォワードの何人かの日本人選手が、日本代表になれなくなってしまったということですね。

そうですね。

落合　フォワードのほうが外国人の割合が多いことは私も気づいていましたが、フォワードの外国人選手が増えたことで、日本代表のチームとして強くなったのではないかと思いました。

石動　それにつけ加えると、フォワードの日本人選手は損失を受けたかもしれないけれども、バックスの外国人選手は4人だけなので、日本人選手が活躍の場を大きくできるというメリットがあるのではないでしょうか。

素晴らしい。皆さんが言ってくれた通りです。少しだけ追加的に説明しましょう。

代替と補完で考える

皆さんが指摘した通り、外国出身の選手が占める割合を見ると、フォワードは61％、バックスは30％ですから、フォワードのほうが外国出身の選手が多い。つまり、日本人のフォワードの多くが外国出身の選手に「代替」されたということです。外国出身の選手が入っていなければ日本代表になれたかもしれない日本人のフォワードの選手は、日本代表になれなかったという意味で損失を被ったのです。

一方、バックスは日本人選手のほうが多いので、フォワードほどは「代替」されませんでした。そして、フォワードが強くなったおかげで、日本代表チームはボールを取得する機会が多くなり、より得点しやすいかたちができるようになりました。その結果、日本代表チームのバックスの選手はより多くのトライをあげることができるようになりました。経済学の言葉で言うと、フォワードとバックスには「補完関係」があるので、フォワードが強くなると、バックスの生産性が上がったということになります。補完関係とは、自動車のエンジンとタイヤのように両方があると生産性が高まる関係のことです。

外国出身の選手の加入によってフォワードが強化され、バックスが目覚ましい活躍をすることによって日本代表チームが強くなり、２０１９年大会ではベスト8に輝きました。この結果、ラグビーファンだけではなく日本中が歓喜に沸いたのです。日本のラグビーファンはスポーツ観戦を楽しみ、高い満足度を得ることができました。また、日本代表のスポンサー企業や関連企業は少なからず儲かったと思います。

ちなみに、２０２３年ワールドカップでも、ラグビー日本代表チームのフォワードは18人中11人が、バックスは15人中5人が外国出身の選手でした。外国出身の選手がフォワードに多いという傾向は変わっていません。

さて、これまでお話ししたように、ラグビーでは外国出身の選手でも日本代表になることができるために、日本のラグビー選手に大きな影響を与えました。日本生まれのフォワードの選手の多くは外国出身の選手に「代替」されることになる一方で、日本生まれのバックスの選手は、強力なフォワードが形成されたために活躍の場を広げることができたという「補完」関係による恩恵を受けたのです。

外国人労働者の増加が与える影響

そこで、次に、「外国出身のラグビー選手」を「外国人労働者」に置き換えて、彼らの増加が日本社会にどのような影響があるのかを考えてみます。

まず、企業への影響についてです。人手不足で生産量を上げられず、思うように利潤が増えていなかった企業にとっては、外国人労働者の導入は賃金コストを引き下げて人手不足を解消し、生産量を増やし、利潤も増加させるというようによいことばかりです。

一方、労働者の側に立って見ると、外国人労働者と同じような技能を持っていた日本人労働者は損失を被ることになります。外国人労働者が入ってこなければ人手不足で高い賃金が得られたのに、彼らが入ってきたことで、労働条件が悪化したり、仕事を失ったりするからです。

しかし、外国人労働者の導入で労働者全体が損失を被るわけではありません。外国人労働者と補完的な技能を持っている日本人労働者にとっては、外国人労働者が入ってくることで自分の仕事の生産性が向上し、賃金も上昇するというメリットがあるからです。

技術革新が与える影響

次に、ラグビーでの外国出身の選手を、情報技術（ＩＴ）やＡＩなどの新しい「技術革新」に置き換えて、それが日本の経済社会に与える影響について考えてみたいと思います。

まず、ラグビーではフォワードは「代替」され、バックスは「代替」されずに「補完」関係の恩恵を受けたわけですが、日本で新しい技術革新が起きたときに、それによって代替される人と代替されずに補完関係になる人がいるはずです。

そこで、ラグビー選手の話と同じようなストーリーで、技術革新と日本経済あるいは労働者の関係について考えてみてください。

落合　ぼくはラグビーと関連づけて考えることはできなかったのですが、技術革新によって、これまでは思いもよらなかったような産業が急に注目される可能性があるので、その点で言うと経済への影響は大きいように思います。また、労働に関して言えば、新しい技術の内容などが他国に漏洩することを防ぐためにも、労働者の国籍などを考慮する必要があるのではないかと思います。

行武　ＡＩなどの発達によって、労働者の雇用が減り、労働者全体の収入も支出も減るので、経済が低迷するのではないかと思います。また、技術革新は日本企業よりも外国企業で多く採用されているので、日本の企業は太刀打ちできなくなると思います。

なるほど。技術革新は外国企業のほうが得意だから、日本企業が弱くなって負けてしまうのではないか、その結果、日本人の労働者も損失を被るのではないかという推論をしてみたということですね。

それは、ラグビー日本代表の話とどう関わっていますか。

ラグビーの試合

行武　ラグビーでは、フォワードに外国出身の選手が多くなることでバックスは補完関係によるメリットを受けたわけで、それは要するに多様性を受け入れることによって戦力が上がるということですから、それを技術革新とつなげるとすれば、多様性を受け入れることによって新しいイノベーションが生まれると考えることができます。

なるほど。行武さんが言いたいことは、いろいろなタイプの人がいると新しいアイデアが生まれて技術革新の可能性が高まるということですね。

行武　はい。

それは大事な視点で、いろいろなタイプの人がいると、それまで考えつかなかったようなアイデアが生まれるという側面は確かにあると思います。石動さんはどう思いますか。

石動　ラグビー選手の機能ということで言えば、攻撃面と守備面で日本生まれの人と外国生まれの人に、それぞれ得意分野を任せることが大切だということを感じました。そこで、技術革新の面でも、例えば工場での生産ラインで、人間では手が加えにくい細かい作業はロボットに任せるほうがいいと思いますが、人間にしかできない仕事もあると思うので、ロボットと人間でそれぞれ長所を取り合って、技術や経済を向上させていくことが大切になると思います。

いいポイントです。得意なことに「特化」すると生産性が上がるということですね。皆さんの考えがだいたいわかりました。

では、ロボットとか、ＣｈａｔＧＰＴ（チャットジーピーティー）などの生成ＡＩの発達は、経済や労働にどのような影響を与えるのでしょうか。

落合　補完と代替ということで言うと、ＡＩは大量のデータをもとに感情を交えずに予測することが得意なので、現在そのような仕事をしている人は代替的影響を受けるし、逆に、例えば企業の最終的な意思決定をする立場の人とか、生の人間であるからこそ、そのよさが出るような仕事をする人は、データ処理などをＡＩがやってくれるので補完的な影響を受けると思います。

確かにそうですね。では、その結果、日本全体としてはどのような影響を受けると思いますか。

落合　日本全体としては技術も発達して、より効率的になってくるので、経済も活発化していくように思います。

行武さんはどう思いますか。

行武　技術革新に当てはめて考えると、工場で働くことができるはずだった人の働き場がなくなる一方で、企業は工場を自動化して生産力が上がるので儲かるようになり、商品を買う側もよい商品や新しい商品を手にすることができるので得になるように思います。

なるほど。工場の自動化によって、今まで工場で働いていた人たちは代替されるので損をし、企業と消費者は得をするので、日本全体としては得になる人のほうが多いということですね。

行武　そうです。ただ、工場で働く人でも、例えば車の開発を担当するような人たちは、自分がつくりたいものをより実現しやすくなるという意味で得をすると思います。

石動さんはどう思いますか。

石動　ラグビーで外国生まれのフォワード選手が増えることで、子どもたちはフォワードを諦めてバックスの選手になろうとするかもしれません。それと同じように考えると、技術革新によって工場労働者の仕事が減ることになれば、子どもたちの将来なりたい職業が変わってくるように思います。

技術革新が日本経済に与える影響を長期的に考えたわけですね。確かに、短期的なショックの話と長期的なショックの話を分けたほうがいいですね。石動さんの話をもう少し具体的に言えば、技術革新が進んだときに、ロボットが代替できるような仕事はなくなるから、子どもたちはロボットに代替されるような仕事ではなく、ロボットと補完的な営業や開発などの仕事に就けるような技能を習得するための勉強をすればいいということですね。なかなか面白い視点だと思います。

誰が損をし、誰が得をするのか

さて、短期的に見たときに、技術革新で損する人と得する人のどちらが多いのかを考えてみたいと思います。

例えば、今日本で労働者の多くが工場で仕事しているとします。あまり現実的な仮定ではないかもしれませんが、高度経済成長期は製造業が中心だったので、そういう時代もあったのです。そういう時代にロボットが発明され、工場から人がいなくなってロボットに置き換わりました。そのような場合は、損をする人のほうが多いと言えます。

しかし、多くの会社が人手不足で困っているようなケースを考えてみてください。世の中にはきつい仕事もあって、そういう業種では人手が足りなくて困っています。そういうところで技術革新が起きて、高性能なロボットが人間よりもはるかに効率的かつ安く仕事をするようになれば、損する人よりも得をする人のほうが多いはずです。

つまり、技術革新が日本社会に与える短期的な影響を、「得をするか損をするか」という二者択一で問いかけるのはかなり意地悪な質問なので、どちらが多いかは一概に言えないということです。もちろん、長期的には日本社会は得をするだろうということはわかるけれども、仕事を失う人たちが出てくることは間違いありません。したがって、圧倒的多数の人が仕事を失うのであれば、そういう技術革新は短期的にはあまり望ましくないわけです。しかし、人手不足に陥っているような仕事では、技術革新によって代替される人はそれほど出てきません。むしろ補完的な関係にある人のほうが多いので、技術革新は日本社会によい方向を与えることになります。

AIが得意な仕事と人間が得意な仕事

さらに重要なことは、どのような技術が開発されるかということです。AIやロボットが得意なのは定型的な仕事です。例えば、データからの予測が重要な仕事は人間から機械に大幅に置き換えられると考えられます。つまり、代替的だということになります。例えば、AIを使った病気の画像診断技術はかなり発達しています。

しかし、AIやロボットにも不得意な仕事もあります。例えば、役割が体系化されておらず、多種多様な状況に対応する必要があり、あらかじめ用意されたマニュアルではなく自分自身で適切なことを判断するような「非定型的」な仕事です。また、抽象的な概念を創出したり、方向性や解を提示したりするような「創造的」な仕事です。さらに、説得や交渉などコミュニケーションや他者との協力を必要とする「社会性」の高い仕事です。

人間の仕事は機械に置き換えられるだろうか

さてここで、少し視点を変えて、「代替性」と「補完性」という観点から、人間の仕事が機械に置き換えられるかどうかを考えてみたいと思います。

まず、「代替性」という点で考えます。モノをつくる、サービスを提供するという仕事をするとき、機械が人間と同じ仕事をしているのであれば、人間と機械には代替性があるということになります。しかし、代替性があっても、人間が機械にすべて代替されるわけではなく、どちらがより安くモノやサービスを提供できるかが大切になります。

次に、「補完性」という点で考えます。モノをつくったり、サービスを提供したりするためには、機械と人間の両方が必要であれば、両者には補完性があると言えます。例えば、自動車と運転手の関係で、機械の性能がよくなって安くなれば、それだけ人間も必要になります。

以上のように考えると、人間の仕事が機械に置き換えられて人間の仕事が減ったかどうかは、特定の仕事を指すのであれば「ＹＥＳ」であり、人間の仕事全体について言うのであれば「ＮＯ」ということになります。

つまり、人間がしていたよりも安く機械でできるようになるのであれば、人間がしていたその仕事は機械で代替されることになります。また、機械への代替が進んで、人手が余ることになれば賃金は低下します。そして、賃金が低下すれば、機械に頼っているより人間にさせたほうがいい仕事も発生することになります。

そもそも、コストということを考えた場合、機械は人間よりもすべての能力で上回っていると言えるのでしょうか。例えば、コンピューターは、記憶力や計算能力では人間をはるかに凌駕《りょうが》していますが、アイデアを考えたり、人とコミュニケーションしたりする能力は、人間よりも優れているとは言えません。また、モノを配達するサービスをすべてロボットに代替することはできないし、掃除ロボットが発達しても、部屋の片づけまでできるわけではありません。

ITやロボットの発達で生じたこと

以上をまとめると、ITやロボットが発達して起こったことは、ITやロボットが得意な仕事は人間からITやロボットに代替されてしまったということです。例えば、経理の計算や鉄道の改札などの仕事です。今、鉄道の改札と言ったのですが、高校生の皆さんは、鉄道の改札と言えば自動改札機しか知らないと思います。日本に初めて自動改札機が設置されたのは、1967年で大阪大学の吹田キャンパスの近くの北千里という駅でした。その後、本格的に普及したのは1990年代後半からです。それまでは、人が切符に専用の鋏《はさみ》で印を入れてチェックしていました。

しかし、ITやロボットが苦手な仕事もあります。例えば、ビジネスのアイデアを考えたり、分析したりする仕事です。また、配送や接客など手作業が必要なサービスです。そのような分野の仕事は、ITやロボットと人間が補完的な関係にあるということになります。豊富なデータをもとに予測するのはAIが得意とする分野ですが、限られた情報しかない場合に、適切な予測をする能力やAIが出してきたデータをもとに意思決定をする能力は、人間のほうが優れている場合が多いと言えます。さらに言えば、ビジネスでの意思決定の多くは、AIとは補完的な能力が求められます。

第2章で議論したように、人間にはさまざまなバイアスがあります。そうしたバイアスで、間違った意思決定をしてしまうこともあります。AIやロボットなら、そのような間違いをすることがないので、人間が間違いやすいことは代替させたほうがよいことになります。あるいは、人間が間違いやすいことをAIやロボットに補完してもらうことで、私たちの意思決定はよりよくなるとも言えます。代替や補完という考え方は、行動経済学でもとても重要なものなのです。

生成AIの出現で状況は激変した

ところが、2022年11月に公開されたChatGPTや2023年2月に公開されたBingAI（ビングエーアイ）などの生成AIによって状況は大きく変わりました。それまでAIには不得意と考えられていたことを、生成AIはかなりできるようになったからです。

すでに人間の話し相手までできるようになっていて、例えば、これまでは人間と機械が補完的だった学習塾なども生成AIに代替してしまうかもしれません。生徒がわからないようなところを生成AIに聞けばすぐに答えてくれるし、テストでなかなか解けないような問題でも生成ＡＩはわかりやすく教えてくれるようになるからです。つまり、塾の先生は人間でなければできないと思われていたけれども、ひょっとすると生成ＡＩのほうが上手に教えてくれる時代が来るかもしれないということです。

実は、ＣｈａｔＧＰＴなどの生成ＡＩがどのような人の能力を最も引き上げるのかということについての最新の研究があります（＊14）。それによれば、ソフトウエア企業のカスタマーサポート（顧客からの相談窓口）部門にＣｈａｔＧＰＴを導入して、故障や不具合などの相談内容をＣｈａｔＧＰＴに聞くようにした結果、生産性が平均14％上昇したということです。カスタマーサポート部門で働く人は必ずしもソフトウエアの専門家というわけではなく、どちらかと言えば新人やスキルの低い人だったのですが、生成ＡＩの導入によってその人たちの生産性が上がったということになります。

この研究からわかることは、生成ＡＩが私たちの仕事にかなり大きな影響を与える可能性があるということです。新人がベテランと同じようなところまで生産性が上がるのであれば、ベテランの意味がなくなります。そして、生産性という点で考えると、新人は生成ＡＩと補完的な関係になるけれども、ベテランにとっては代替的な関係になるということになります。

また、専門的な記事を書く記者にＣｈａｔＧＰＴを提供して影響を調査すると、低スキルの人ほど生産性が高くなるという結果も出ています（＊15）。ベテランの記者は新人記者よりもはるかに上手な記事が書けるという意味で価値が高かったのですが、ＣｈａｔＧＰＴを使うことによって、新人でもベテラン記者と同じような水準の記事を書けるようになるために、ベテラン記者の価値が大幅に低下するわけです。

以上の事実は、生成ＡＩを使うことによって、低スキルの人ほど生産性が大きく上昇することを物語っています。つまりは、ＡＩがスキルそのものの価値を低下させるということです。

技術革新のスピードは速く、少し前までなら機械では不可能だった仕事も、どんどん機械でできるようになっています。その一方で、人間にしかできない仕事も生み出され続けていきます。また、生成ＡＩの出現によって、今までの技術革新とかなり大きな違いが出てくると言われています。今後、どのような技術が生まれてくるのかわかりませ

＊14 Erik Brynjolfsson, Danielle Li & Lindsey R.Raymond(2023):“Generative AI at Work” National Bureau of Economic Research Working Papers Series,No31161.

＊15 NOY, Shakked Noy and Whitney Zhang (2023):“Experimental evidence on the productivity effects of generative artificial intelligence,” Science, 381, 187-92.

んが、その時代に苦手と思われていた技術分野に、それを克服するような新しい技術が生まれてくる可能性はかなり大きいと思います。

したがって、それにいつでも対応できるような能力を身につけておくことが大事なのです。私たちは、とりわけ皆さんのように若い世代は、他人や機械に代替されないような技能を身につけるために、常に学習をし続ける必要があるということを肝に銘じて欲しいと思います。

NHKのニュースでは「AI」がニュースを読んでいる

落合　大竹先生は、先ほどAIによってスキルの価値が低下するとおっしゃいましたが、AIでもできるようなことであっても、人間がやるからこそ新たな付加価値が生まれるということはありませんか。例えば、AIがつくった文章が世の中にあふれたとしても、仮に下手な文章であっても人間が書いたからこそ新しい付加価値が生まれるのではないかと思うのですが。

人間が書いたものであれば、たとえ下手な文章でも何か価値が見出せるということですね。

落合　そうです。

確かに、そういう意見も一理あるかもしれませんが、もしそれに価値があると評価されるようになると、ＡＩにすぐにそれを学習させて、いかにも人間が書いたような下手でも味のある文章をつくらせることもできるようになるかもしれません。

したがって、「下手な」方向ではなく、ＡＩでは足りないような分野で人間が活躍すべきだと考えます。ＮＨＫのニュースでも一部はＡＩによる音声を使っていますが、アナウンサーが直接話さなくてはいけないところは何かということをテレビ局は多分考えていると思います。

例えば、緊急のときなどです。２０２４年１月１日に発生した「令和６年能登半島地震」では、震度７の地震発生とともに大津波警報が気象庁から発表されました。その際に、ＮＨＫのアナウンサーは、絶叫に近いかたちで「テレビを見ていないですぐに逃げてください」と伝えました。非常に強い感情が込められていました。このおかげで多くの人は異常事態だと感じて、逃げることができました。人は誰でも楽観バイアスがある

AI に代替される脳

ので、異常事態が生じていても大丈夫だろうと思いがちです。それを打ち破る必要があったのです。もし、ＡＩの放送だったら、視聴者は何かの練習だろうかと思ったかもしれません。もちろん、ＡＩは強い感情をこめて放送する方法も学習してしまうかもしれませんが、人がアナウンスすることによって、より感情が伝わるのではないでしょうか。

石動　ＮＨＫのニュースのＡＩによる自動音声については、私は個人的に違和感があって、アナウンサーがそこにいるのになんでＡＩがしゃべるのだろうと思っています。そんなことをしたら、アナウンサーの仕事がほぼなくなるのではないでしょうか。

新聞でも毎日の株価に関する記事は自動的にＡＩ

でつくられているように、ＮＨＫテレビでは朝からほぼ1時間ごとにニュース番組があって、同じニュースが何度も流されます。ですから、同じニュースを何度もアナウンサーが繰り返すのではなく、ＡＩが担当するということです。新しいニュースが入ってきたときには、ＡＩではなく人間のアナウンサーが伝えているわけです。しかし、そのうちＡＩが新しいニュースをすぐに伝えられるようになると、アナウンサーに何を求めるのかという難しい問題が起きると思います。

それは先ほど学習塾の先生に何を求めるのかというのと同じで、求めるものがだんだん変わってくるはずです。最近は戦争に関するニュースが増えていますが、それをＡＩが抑揚のない言い回しで報道しても個人的にはあまり聞きたいとは思いません。また、震災のニュースにしても、誰々が亡くなりましたというようなことをＡＩが淡々と報道するようになるのはちょっと悲しい気持ちになります。

ChatGPTの正しい使い方

行武　今大学生は論文をＣｈａｔＧＰＴに頼っていて、私の先輩もＣｈａｔＧＰＴで論文を書いて教授に褒められたということですが、その一方で、ＣｈａｔＧＰＴで論文を書いたことがばれて教授に叱られたという話も聞きます。そういう話を聞くと、ばれなければＣｈａｔＧＰＴに任せてもいいという話になります。大学でもまた社会に出てからも、論文や意見などをＣｈａｔＧＰＴに任せないで自分で書くことの意味はあるのでしょうか。

少なくとも今現在で言うと、生成ＡＩではすでにわかっていることしか書けませんから、新しいことを書く必要がある「研究論文」には使えません。ＣｈａｔＧＰＴで教授に褒められたのは研究論文ではなく、教科書や他の論文に書いてあることを整理し直しただけのレポートだからだと思います。ＣｈａｔＧＰＴは、すでにある情報をまとめる能力は非常に高いということです。

落合　ＣｈａｔＧＰＴの正しい使い方を教えてください。

ＣｈａｔＧＰＴなどの生成ＡＩについては、最初にお話しした「代替」と「補完」を考えることができます。既に知られていることを調べてまとめることについては、生成ＡＩの能力は高いものです。その部分を生成ＡＩに任せていくのがいいと思います。

ただし、一部の人たちだけが得をするような技術導入は、短期的には望ましいとは言えません。多くの人たちが仕事を失うようなＡＩを導入すると、代替されることによるコスト（あるいは被害）や副作用など、マイナスのショックはとても大きいはずです。

では、どのような分野にＡＩを導入すればよいのでしょうか。例えば、人手不足に陥っている経済や社会のボトルネックを解消するようなものにＡＩを導入することが考えられます。すでに説明したように、ラグビー日本代表には優秀なバックスの選手がいても、人材不足でフォワードが弱く、外国チームに太刀打ちできませんでした。しかし、外国出身の選手が日本代表に選出されてフォワードの力が強化され、その結果、バックスの選手が得をしました。つまり、必要とするポジションにもっと能力の高い人たちがいたならば、それ以外の人たちが得をするということです。生成ＡＩにしても、そのような方法でどんどん使われるようになると、ボトルネックだったところが強くなり、他の人たちもハッピーになり、全体としてはプラスになるはずです。そして、長期的には、誰もが技術の恩恵を被ることになります。人間が補完的な能力を身につけるという方向に行くことになれば、どのようなＡＩが登場しても恐れることはないと思います。

第4章

風しん抗体検査で学ぶ行動経済学 ——ナッジを考える

1　風しんという感染症を考える

日本では毎年冬になると決まったようにインフルエンザが流行します。また、2019年冬以降に「新型コロナウイルス」が大流行したこともあって、「感染症」と言えば「新型コロナ」や「インフルエンザ」がすぐに頭に浮かぶかもしれません。しかし、現在でもそれ以外のさまざまな「感染症」が発生していることは、皆さんもよくご存じだと思います。そこでこの章では、「風しん」という感染症に焦点を当てて、それを防ぐための対策について行動経済学で考えてみたいと思います。

風しんとは

さて、すでに3人の高校生（石動さん、落合さん、行武さん）には、私たちが行った風しんの抗体検査とワクチン接種のすすめについて、厚生労働省のホームページに掲載されている「風しんの追加的対策について」（*16）を読んでもらっていますが、復習の意味もかねて、いくつか確認してみたいと思います。まず、なぜ風しんの抗体検査とワクチン接種が必要なのでしょうか。

落合　多くの人が実際にはワクチン接種を受けていないからだと思います。確かにそうですね。でも、なぜワクチン接種が必要なのでしょうか。そもそも風しんになると何か困ることがあるでしょうか。石動さん、いかがですか。

石動　妊娠初期の女性が風しんにかかってしまうと、赤ちゃんが白内障とかの障害を持って生まれてくる可能性があるからで、女性が妊娠前に接種することで免疫をつくっていくことが重要だからワクチン接種を行うのだと思います。

妊娠している女性は、自分がかかってしまうとおなかにいる赤ちゃんにも悪い影響を与えてしまうというリスクがあるので、それを防ぐために自分自身がワクチン接種をするということですね。確かにそれは重要な答えですが、実は抗体検査とかワクチン接種をすすめているのにはもう1つの大きな理由があります。それを考える前に、まずは風

＊16　https://www.mhlw.go.jp/stf/seisakunitsuite/bunya/kenkou_iryou/kenkou/kekkaku-kansenshou/rubella/index_00001.html

しんという感染症について簡単に説明しましょう。

風しんは、「風しんウイルス」によって引き起こされる急性の発疹性感染症です。風しんウイルスは飛沫感染によってヒトからヒトへ感染が伝播《でんぱ》します。風しんは強力な感染力を持ち、風しんへの免疫がない集団では、1人の風しん患者から7～9人に感染すると言われています。

風しんは「三日はしか」とも呼ばれます。それは風しんの症状が「はしか」（麻疹《ましん》）とよく似ているからです。しかし、「風しん」と「はしか」は別の感染症です。「はしか」の原因は麻疹ウイルスであり、「風しん」の原因は風しんウイルスです。それぞれ一度かかると免疫ができて二度とかからないと言われています。

風しんは子どもの頃にかかると、それほど重症化しないと言われています。また、風しんに感染していても感染症状が出ない人もいますが、重い合併症を併発することもあります。特に成人で発症した場合、高熱や発疹が長く続いたり、関節痛になったりするなど重症化することがあります。さらに、脳炎や血小板減少性紫斑病（*17）を合併するなど、入院加療を要することもあるため、決して軽視はできない疾患なのです。

さらに、石動さんが指摘してくれたように、風しんに対する免疫が不十分な妊婦が妊娠20週頃までに風しんウイルスに感染すると、生まれてくる赤ちゃんの目や耳、心臓に障害が起きることがあります。このような症状を「先天性風しん症候群」と呼びます。
したがって、それを防ぐために、高校生の皆さんの世代はおそらく赤ちゃんの頃に、ワクチンを接種しているはずです。ただし、ワクチンを接種しても、風しんの抗体が十分に高まらず免疫が不十分な人もいます。

44歳から61歳の男性に無料クーポン発送

そこで次の質問です。厚生労働省のホームページでは、昭和37（1962）年度から昭和53（1978）年度生まれの男性に「無料クーポン」が送られていると書かれていますが、なぜ、2023年度時点で44歳から61歳の男性が対象なのでしょうか。

行武　他の世代より接種率が明らかに低いからだと思います。

なぜ、その世代の接種率は低いのでしょうか。

＊17　【血小板減少性紫斑病】　血中を循環する血小板の減少を伴う紫斑病。紫斑病は、皮下出血による紫色のあざ（紫斑）ができやすくなる病気。

行武　44歳から61歳の男性が子どもの頃に接種していない可能性が高いからだと思います。

そうですね。より正確に言うと、この世代の女性は中学生の頃にワクチンを接種していたのです。それよりも若い世代はもっと小さい頃に受けているはずです。しかし、2023年度時点で44歳から61歳の男性はそもそもワクチンの定期接種を受けていないのです。有料で受けた人もいますが、少数派だと思います。

では、それよりも上の世代である62歳以上の男性にクーポンが送られていないのはなぜでしょうか。

落合　昔は風しんが普通に流行《はや》っていたからですか。

そうです。62歳以上の人の時代には日本で風しんが流行し、女性も含めてワクチン接種を受けていなかったため、多くの人が子どもの頃に風しんにかかっています。したがって、多くの人が免疫を持っており、ワクチン接種を必ずしも受ける必要はないのです。しかし、その後、女性だけはワクチン接種を受けるようになり、風しんがあまり流行しなくなりました。その結果、44歳から61歳の男性だけが取り残されて、風しんの免疫を持っていない人が数多く存在することとなりました。この世代の男性は、女性がワクチンを接種してくれたおかげで、風しんの自然感染が減少し、風しんに感染する比率も下がったのですが、結果として、風しんの抗体が少ない人、つまり風しんの免疫が不十分な人が他の世代よりも多くなってしまったのです。

風しんの流行を抑えるにはどうしたらいいか

実は、日本で風しんが流行するパターンは2つあります。1つは、日本の中高年男性が海外で風しんにかかって帰国後流行させるケースです。もう1つは、風しんが根絶されてない国から来た外国人が日本で感染を増やすというケースです。

しかし、いずれのケースでも、多くの日本人が風しんの抗体を持っていれば、集団免疫ができており、感染が拡大することはありません。逆に言うと、日本で風しんの流行が生じないようにするためには、多くの人が免疫を持つことが必要なのです。ここで「多く」とは、「9割以上」ということです。そこで、9割以上の人が抗体を保有するようにすることが風しん感染拡大を防ぐための政策目標になっているのです。

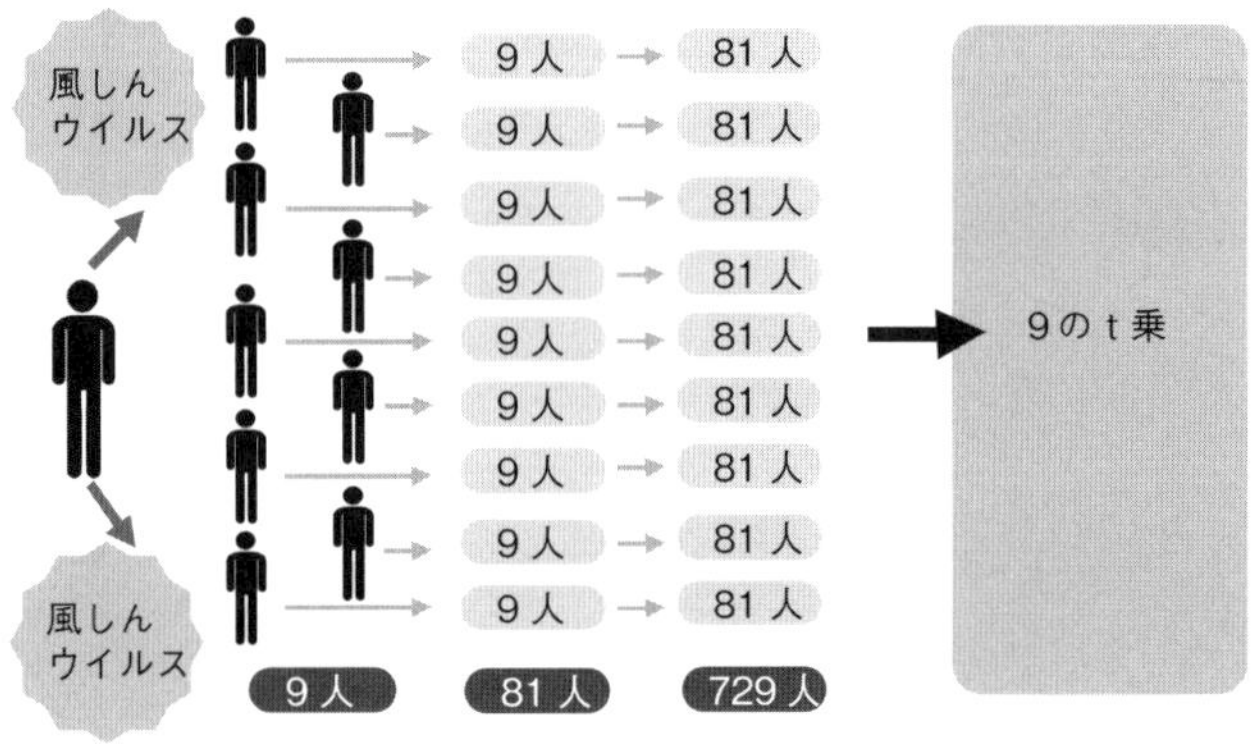

図4-1　感染の拡大

なぜ、9割以上の人が抗体を持つようになればいいかを説明しましょう。風しんの免疫を誰も持っていない状態だと、1人の風しんの感染者は7人から9人に感染させます。仮に、9人の人に感染させたとしましょう。これを1回目の感染拡大とします。感染した人が、それぞれ同じ人数に感染させるので、2回目の感染拡大でその人たちが感染させる数は、9×9＝81人です。この81人の一人ひとりが9人に感染させていくので、3回目の感染拡大では9×9×9＝729人になります（図4－1）。

感染の拡大回数をtで表すと、t回目の感染拡大での感染者数は、9のt乗ということになります。5回で何人になると思いますか。約5万9000人です。そんなに多くはないと思うかもしれません。では、8回目だとどうでしょう。約4300万人です。日本の総人口（*18）の約35％くらいですね。ということは、9回目の感染拡大で日本人が全員感染ということになります。あっという間に感染者数が増えていくことがわかります。

新しい感染症は国民が免疫を持っていないので、そのような感染症が流行することの恐ろしさがわかると思います。しかし、ある程度の人たちが免疫を持っていたとしたら、そのような感染拡大は生じません。日本における風しんの抗体保有率（免疫を持っている人の比率）をaとすると、風しんの1人の感染者が感染させる人数は何人になるでしょうか。誰も抗体を持っていない場合なら9人だったとします。抗体を持っていない人の割合は、1－aになるので、9（1－a）人に感染させることになります。この数が1人以上だと、感染はどんどん広がっていきますが、平均して1人以下しか感染させないなら、すぐに感染は収まります。ということは、風しんの感染拡大が生じない条件は、9（1－a）＜1ということになります。

この式をaについて解くと、a＞1－1／9＝0.888…となります。つまり、約9割以上の人が風しんの抗体を持っていたら、日本で風しんの感染者が発生しても、そ

*18　日本の総人口は1億2435万人（2023年10月1日現在・確定値）総務省統計局。

日本における風しんの抗体保有率	⇒	a
抗体を持っていない人の割合	⇒	1 − a
感染させる割合	⇒	9（1 −a）
風しんの感染拡大が生じない条件	⇒	9（1 −a）< 1
		↓
		a > 1 − 1 / 9 = 0.8888…

図 4-2　感染拡大を防ぐ抗体保有率

の人数が増えていくということはないのです（図４－２）。

　では、日本人の風しんの抗体保有率はどのくらいでしょうか。中高年男性への風しん抗体検査・ワクチンのクーポン送付が始まる前のデータを見てみましょう。図４－３は、年齢階級別の抗体保有率を示しています。これを見ると男女ともほとんどの年齢層で90％～１００％の人が抗体を持っていることがわかります。しかし、40歳から59歳ぐらいの世代では男女で違いがあります。女性は子どもの頃にワクチン接種を受けているのでほぼ１００％が抗体を持っているのに対して、この世代の男性の抗体保有率は約80％にとどまっています。したがって、この世代（２０２３年度で言えば、44歳から61歳に当たります）の男性の抗体保有率を90％まで高めれば、集団免疫が達成できるということになります。２０１９年度からクーポン送付が始まったので、この世代の抗体保有率が上昇してきていることも図からわかります。

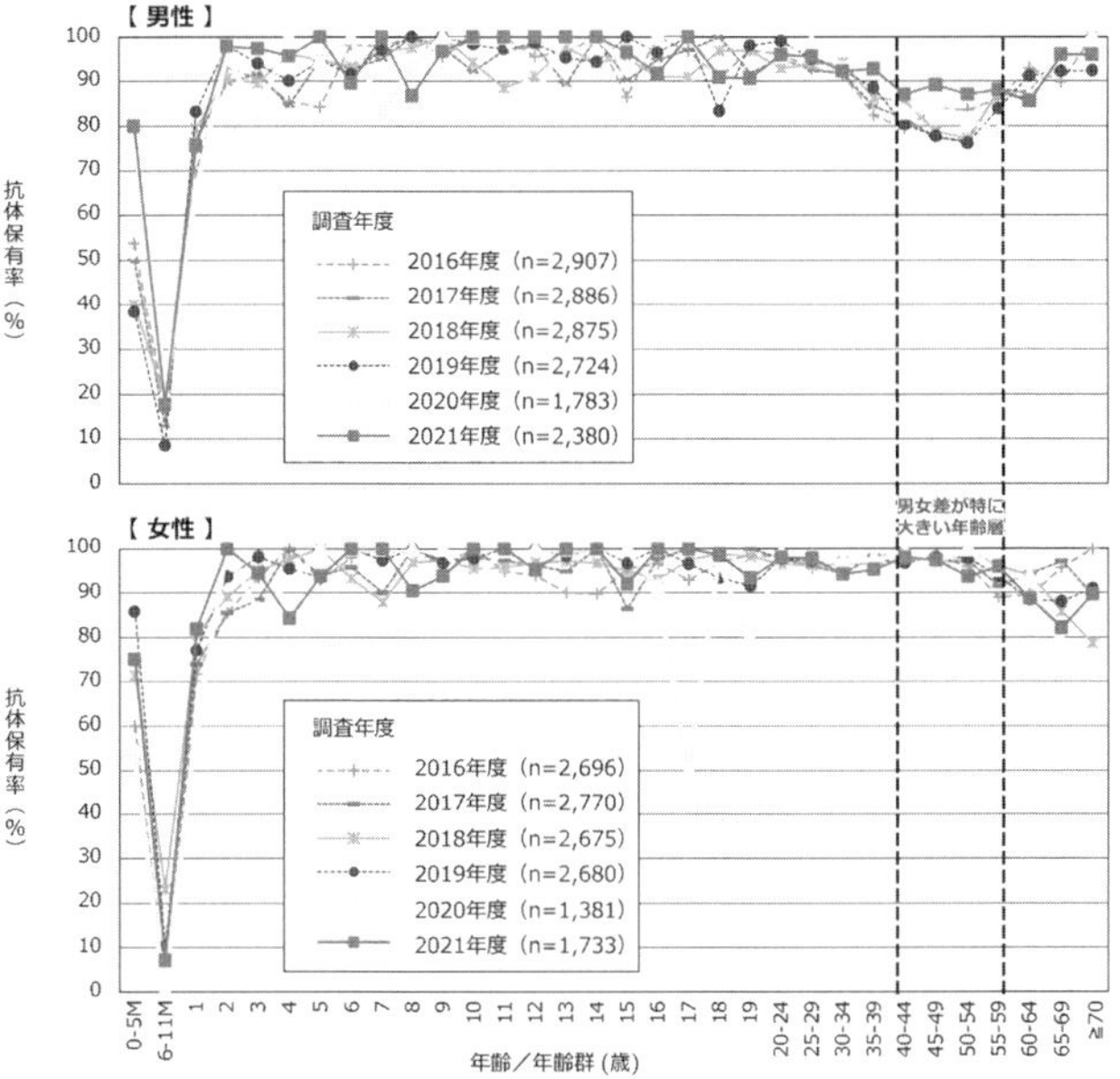

図4-3　年齢階級別の風しん抗体保有率　2016～2021年度感染症流行予測調査（2022年1月現在暫定値）（国立感染症研究所資料）

石動　44歳から61歳の男性はワクチン接種をしていないのに、この図を見ると約8割の人が抗体を持っているようですが、それはなぜですか。

いい質問ですね。この世代の男性でも抗体のある人がそれだけいるのは、若い頃に風しんが流行っていて、多くの人が風しんにかかっているからです。ただし、無症状のことも多いので自分で気づいていない人も多いのですが、先ほども言ったように、一度かかった人には免疫ができるのです。また、自分でお金を払ってワクチンを接種している人もいます。

「昭和37年度〜昭和53年度生まれの男性の皆様へ」

さて、そこで日本の健康行政を担う厚生労働省としては、日本でたまたま風しんにかかった人が出ても、周囲の人に感染が広がらないような状態（つまり、9割の人が抗体を持つ状態）になることを目標に、2019年度からこの世代の男性に無料クーポンを送っています。

厚生労働省のホームページには、「昭和37年度〜昭和53年度生まれの男性の皆様へ」というタイトルで次のような文章が掲載されていました。

あなたと、これから生まれてくる世代の子どもを守るために
風しんの抗体検査と予防接種を受けましょう！
昭和37年度〜昭和53年度生まれの男性の皆様に、お住まいの自治体から、原則無料で風しんの抗体検査と予防接種を受けていただけるクーポン券をお送りしています。

この年代の男性の皆様には、過去に公的に予防接種が行われていないため、自分が風しんにかかり、家族や周囲の人たちに広げてしまうおそれがあります。

この年代の男性の皆様がこれから抗体検査を受け、必要な予防接種を受けると、免疫を持っている人が増え、風しんの流行はなくなると言われています。

あなた自身と、これから生まれてくる世代の子どもを守るために、ぜひクーポン券を使って風しん抗体検査と予防接種をお受けください！

実は、あとで詳しく説明しますが、この風しん抗体検査クーポン送付の仕組みはかなり効果がありました。抗体検査の無料クーポンを必要な人に配布するという仕組みよりも、無料クーポンを送付するという仕組みに効果がありました。クーポンを送付することで、クーポンを受け取った人が検査とワクチン接種を受けるケースが少なくないということです。そのため、２０１９年の冬以降に猛威を振るった新型コロナウイルス感染症でも、この仕組みをそのまま使ってワクチン接種クーポンを送付したという経緯があります。

2 お父さん世代に抗体検査を受けてもらうためには

ボトルネックは何か

「風しん」という感染症を防ぐための課題は明確です。風しんの抗体検査のクーポンを使ってこの世代の男性に抗体検査を受けてもらうことです。そして、もし陰性であればワクチン接種を受けてもらうことです。先ほどの年齢別の抗体保有率のデータから、抗体検査を受けた人の約2割は陰性であることが統計的にわかっています。したがって、この世代についても、5割の人が抗体検査を受けて、抗体を持っていない人のうちの2割の人がワクチン接種をすることで、0・5×0・2＝0・1ですから、抗体保有率を80％から90％まで引き上げることができることになります。つまり、日本で風しんが発生しても、風しんの感染の拡大を防ぐという目標が達成できるということです。

ところが、クーポン送付開始以降4年たった2023年夏の時点で累積の抗体検査率は30％にとどまっています。目標は2024年度末までに50％ですから、これから1年半のうちに残りの20％の人に抗体検査をしてもらい、ワクチン接種をしてもらう必要があります。

高校生の皆さんのお父さんは、この年齢層の人が多いと思います。すでに抗体検査に行ったという話をお父さんから聞いている人もいるでしょうが、そういえばそんな通知が来ていたようだけれど開封していないというお父さんもいるかもしれません。

そこで、次の質問です。皆さんのお父さんの世代の男性に、送られてきた無料クーポンを利用して風しんの抗体検査とワクチン接種を受けてもらうようにするためにはどうすればいいのでしょうか。ちなみに、皆さんの世代を含めて現在の若い人たちは、ほとんどが風しんのワクチンを接種しているという意味でも、安全性は高いものです。

落合　僕の父もその年代なので、まずはとにかく抗体検査をして、陰性の場合にはワクチン接種をしないと子どもたちや家族に悪影響が及ぶというようなことを言います。

子どもが高校生で大人に近くなっているし、お父さんはもちろん、お母さんも年齢が高くなっているから、万が一風しんにかかってしまうと重症化するリスクがある、ということをお父さんに伝えるわけですね。落合さんは、お父さんから風しんのクーポンがきたので抗体検査を受けてきたという話を聞いていますか。

落合　いや、聞いていません。
そうすると、受けていらっしゃらない可能性が高いですね。だとすると、お父さんが抗体検査を受けていない理由は何だと思いますか。
落合　風しんにかかるリスクが低いと思っているのだと思います。また、もし風しんにかかったとしても、自分にも周りにもあまり影響がないと考えているのかもしれません。

風しんは大した感染症ではないと思っているのかもしれないということですね。そうすると、風しんで重症化する可能性があるという知識がないということが、お父さんに望ましい行動を起こさせないボトルネックになっていることになります。そうだとすれば、もしお父さんが風しんにかかったら重症化するかもしれないし、そうなったら自分の受験勉強にも悪い影響を及ぼすことになるというメッセージをお父さんに伝えればいいということになります。石動さんはどう思いますか。

石動　落合さんの意見と似ているのですが、親世代にとって、自分が抗体検査を受けることが娘や家族の健康を守ることができるというメッセージを父親に伝えればいいと思います。

お父さんが感染すると私の健康が危なくなるから抗体検査を受けてくださいとお父さんに言うわけですね。そうすると、お父さんが抗体検査を受けてない理由として考えられるボトルネックは何になりますか。

石動　たぶん、父親の周りでも抗体検査を受けている人があまりいないので、風しんのことを気にしていないのではないかと思います。

なるほど。ところで、石動さん自身はこの課題を見る前に風しんという感染症のことを知っていましたか。

石動　知りませんでした。

おそらく石動さんの世代は、小さい頃にワクチン接種を受けているので、ほとんど記憶に残っていないはずです。だからこそ、風しんに感染していないので、風しんという病気について知らないのだと思います。

デフォルトを変える

行武さんはどうですか。

行武　私も風しんワクチンを接種した記憶はなく、父親からワクチン抗体検査を受けたという話も聞いていません。そこで、私の父親にどのようなメッセージを伝えればいいかということで言うと、大竹先生の本（『あなたを変える行動経済学』東京書籍）に出ていたように、「あなたの抗体検査の日は何月何日です」というように市役所が決めて本人に通知するようにすれば、抗体検査率とワクチン接種率が上がるように思います。

なるほど。素晴らしい案ですね。では、もう1つ聞きますが、あなたのお父さんの世代の人が抗体検査を受けていない理由（つまり、ボトルネック）はどこにあると考えたのですか。

行武　1つ思ったのは、封書という通知手段を使っていることです。私の家にはDMの類いの封書が結構たくさん来るので、いちいち開封するのが面倒で、重要かもしれないことはわかっていても、どうしても後回しになってしまうようです。そこで、例えばメールで送るようにすればいつでも読めるし、「抗体検査は何月何日」と書いてあれば、その日に都合が悪くてもそのままスマホで日程を変更できるということでいいのかなと思いました。

行武さんの推測では、お父さんの世代には風しんについて2つのボトルネックがある可能性があるということになりますね。1つは、風しんのことをよく知らないということであり、もう1つは仮に封書で通知が送られてきて抗体検査の必要性を知ったとしても、現在バイアスで先延ばしをしてしまうということです。そこで、行武さんは、抗体検査を申し込むのではなく、「何月何日に○○に行くと抗体検査が受けられる」というかたちでメールで送り、その日が都合が悪い人は日程を変えてくださいという仕組みにしたらいいということですね。

行武　そうです。

なかなか素晴らしいアイデアですね。ちなみに、そのようなやり方を「デフォルトを変える」と言います。抗体検査に行ってもいいけれども予約するのが面倒だという場合には、デフォルトを「検査をしない」から「検査をする」に変えることで、抗体検査の受検率が上がるというのはその通りだと思います。季節性インフルエンザワクチンの接種でも、デフォルトで接種日を決めておいて、都合が悪かった場合は日程変更をするという仕組みで、ワクチン接種率が上昇したという研究があります。日本の新型コロナウイルスワクチン接種の際も、高齢者のワクチン接種をデフォルトで接種日を決めておいて接種率を向上させたという自治体もありました。

メリットとデメリットを考える

落合　目標達成に応じて報酬を与える、例えば、抗体検査とワクチン接種をしたら「2000円クーポンプレゼント」というようにすれば、接種率が上がるのではないですか。

金銭的報酬を利用するということですね。「2000円」という金額はどうして出てきたのですか。

落合　父親世代は、1000円では少ないし、2000円あればお土産にスイーツ買って帰ろうかなというふうになるのではないかと思いました。

なるほど。抗体検査やワクチンが無料になっているということだけでも、実は金銭的報酬があるとも言えます。もし自分で払ったら、抗体検査とワクチンの両方で1万円ほどかかります。でも、それでは足りないので、追加で2000円は必要だということですね。では、抗体検査を受けると金銭的報酬を得られるというかたちにするというアイデアを考えた背景に、いまの制度では抗体検査を受けないというボトルネックはどこにあると思ったのですか。

落合　抗体検査を受けても何のメリットもないことです。もちろん、抗体検査を受ければ自分の子どもや家族の身を守れることはメリットとしてあげられると思いますが、自分自身がワクチン接種をしているかどうかの実感がないので、そこもボトルネックになっているように思います。

お父さん世代の本人自身がワクチン接種をしているかどうかを知らないから、ワクチン接種をしたらいいということもなかなか伝わらないということですか。

落合　そうです。だから「2000円」という金額を出すことによって、これは何のクーポンチラシだろうということに目が向き、よく見たら抗体検査とワクチン接種だと気がつくのではないかということです。

落合さんは、抗体検査とワクチン接種を受けることのデメリットは何だと思いますか。

落合　ワクチン接種とは、風しんのウイルスを体内に取り込むことなので、何らかのリスクがあるように思います。

要するに副反応が大きいのではないかということですね。他にはデメリットはありませんか。仮に副反応がほとんどないとしても、もし、落合さんが受験勉強で忙しいときに風しんの抗体検査を受けてくださいというクーポンが届いて、指定された病院に行くのに、例えば2時間かかるとしたらどうですか。

落合　行かないと思います。

2時間もかかるのであれば、あなたのお父さんにしても、会社の帰り道にその病院へ行くというわけにもいかないし、仕事を休んでいかなければならないということになれば、受けに行くのが面倒くさいということになります。そのコストは結構大きいので、それはデメリットですね。有給休暇が取れればいいのですが、もし有給休暇が取れない状況だと、仕事を休んだ分、給料が減りますよね。もし、他のことをしていたら得られた利益を失うわけです。経済学では、それを「機会費用」と呼びます。「機会」というのはチャンスのことですから、別のことをするチャンスを失うことで発生する費用ということですね。落合さんの理屈では、お父さんにとって、抗体検査を受けに行くための時間が機会費用になっているので、その機会費用を金銭的な報酬で補ってあげたらいいのではないかということになりますね。

石動　金銭的な報酬でもいいのですが、抗体検査を受けに行くのが面倒だということであれば、会社で対応するというのはどうでしょうか。検査できる病院に連絡して、医療スタッフに会社に来てもらい、44歳から61歳の男性社員に抗体検査を受けてもらうということです。

なるほど。素晴らしい提案ですね。それなら、抗体検査を受けに行くための時間がほとんどかかりませんから、機会費用は小さくなります。

落合　会社での健康診断のときに、その世代の男性社員が受けるという制度にしてもいいのではないですか。そして、抗体検査を受けたらビール券をもらえるとか……。

ビール券で釣るということですね（笑い）。もう1つのポイントは、会社の健康診断に組み込んだらいいということですね。会社での健康診断でもともと採血をするので、お父さんにとって風しんの抗体検査を受けるための追加的な時間が不要ですね。では、落合さんが提案した仕組みで、お父さんが抗体検査を受けることになったとすると、それまでお父さんが検査を受けなかったボトルネックはどこにあることになりますか。

落合　予約のために時間を割いたりするのが面倒だということだと思います。

予約するのは面倒ですね。それに、市役所から封書が送られてきても、あまり真面目に読まないかもしれないけれども、会社から言われたら、その文面をきちんと読んで理解して、行動につながるということもあるでしょうね。

娘から話しかけられるとお父さんは喜ぶ

行武　実は、大竹先生から風しんワクチンがテーマになることを聞いて調べたのですが、クーポンを使わずに風しんワクチンを接種しようとすると、3000円から6000円はかかるようです。そうだとすると、「無料クーポン」ということを前面に出すことによって、その分、得をしているということが具体的にわかっていいように思います。

おっしゃるとおり、抗体検査で3000円から6000円くらいかかって、ワクチンはさらに6000円から1万円かかります。この期間を逃すと自己負担になって1万円かかりますよと言われると、今検査すれば自分が1万円を得すると考えるようになって、抗体検査を受けやすくなるということですね。1万円以上の金額というのは、かなりの金額です。1万円かかると考えるか、1万円得すると考えるかというのは、行動経済学で考えると「参照点」の話ということになります。つまり、定価より安くしている（実際は無料）ということを明記するというのは確かによいアイデアで、ワクチン接種を含めると「1万円得します」というかたちにもなるし、抗体検査を今やらないと「1万円損します」というメッセージも効果的かもしれません。

武行　そうです。あといくつかあるのですが、1つは、抗体ができれば一生免疫が続くというところにフォーカスを当てて「告知」をつくるのもいいのではないかということです。もう1つは、お父さん世代だけではなく、娘さんとか奥さんへのアプローチもしてみていいのではないかと思います。風しんワクチンのことで珍しく娘さんが口をきいてくれたらうれしいだろうし、奥さんから抗体検査を受けたほうがいいんじゃないと言われたりすれば、結構気にするだろうし、無料なので断る理由もないし、一生続くんだったらいい、というような感じで抗体検査を受けやすくなるように思いました。

さらに、抗体検査で結果が出るまで30分ほどらしいので、それがわかれば、会社の帰りとか、職場に許可をもらって空いた時間に近くの病院で検査を受けることができるので、どこで受けられるのか、全体で何分かかるのかということもきちんと示すことによって、抗体検査を受けやすくなるように思います。

素晴らしい。

現在、新型コロナウイルスのワクチンは数か月しか続かないので、風しんもその程度だと思っている人がいるかもしれませんが、風しんの免疫は、ほぼ一生続きます。そのことを明記することも重要ですね。

もう1つ面白いのは、行武さんの世代ではあまりお父さんと話をしないから、娘さんが話してくれると喜んで聞いてくれるのではないかというのは、その通りだと思います。そういうお父さんの気持ちを、きちんと理解していて、娘さんたちはそれを戦略的に使っているということに私は改めて驚きましたし、勉強になりました。

抗体検査の結果が出るのは、実はもう少し時間がかかって、1週間程度のところが多いです。おっしゃるような30分程度で結果がわかる迅速検査キットというのも開発されて、一部の地域では試験的に使われたのですが、結局、いろんな課題があって使われていません。

3 ナッジについての簡単な解説

さて、皆さんにはいくつかのアイデアを出していただきましたが、次に、44歳から61歳の男性に、送られてきた無料クーポンを利用して、風しんの抗体検査とワクチン接種を受けてもらうようにするためのナッジ・メッセージを考えてみたいと思います。

ただ、その前に、「ナッジ」について簡単に解説します。もっと詳しく知りたいという場合には、『あなたを変える行動経済学』（東京書籍）を読み直してみてください。

ナッジとは何か

英語の「ナッジ」（nudge）という言葉は、「注意を引くために肘で人を軽く押す」という意味です。この言葉をつくった行動経済学者のリチャード・セイラー・シカゴ大学教授によれば、「ナッジ」とは、「人々の選択を禁じることもなく、また経済的なインセンティブ（やる気を起こさせるような動機づけ）を大きく変えることもなく、人々の行動を予測可能な形で変える選択肢の設計を意図的に変えること」であると説明しています。

「ナッジ」で重要なことは2つあります。1つは、大きな金銭的インセンティブをかけないことです。つまり、それをしたら1万円の補助金をあげるとか、しなかったら1万円の罰金を科すというようなお金を使った介入をしないことです。スーパーやコンビニのレジ袋の3円程度なら少額なので、ナッジに入れてもいいかもしれません。もう1つは、望ましくない行動や本人の利益にならない行動を引き起こすような選択肢の設計をしてはいけないということです。それは「ナッジ」ではなく、「スラッジ」（sludge）と言います。「スラッジ」は、「ナッジ」と似ている言葉ですが、下水処理や工場排水処理の過程で出る臭気の強い沈殿物（へどろ）を意味します。

BASICが重要

次に、「ナッジ」を考える上では2つのポイントがあります。1つは、「ナッジ」を設計する上で「BASIC」が重要になることです。人々の行動（B・Behavior）を見て、その行動を行動経済学的に分析（A・Analysis）し、戦略（S・Strategy）を考え、どのナッジが最も効きそうかを実際に検証（I・Intervention）し、そして、いくつかのナッジを試してみた後、最も効果があるナッジを実施して、実際に制度や仕組みを変化（C・

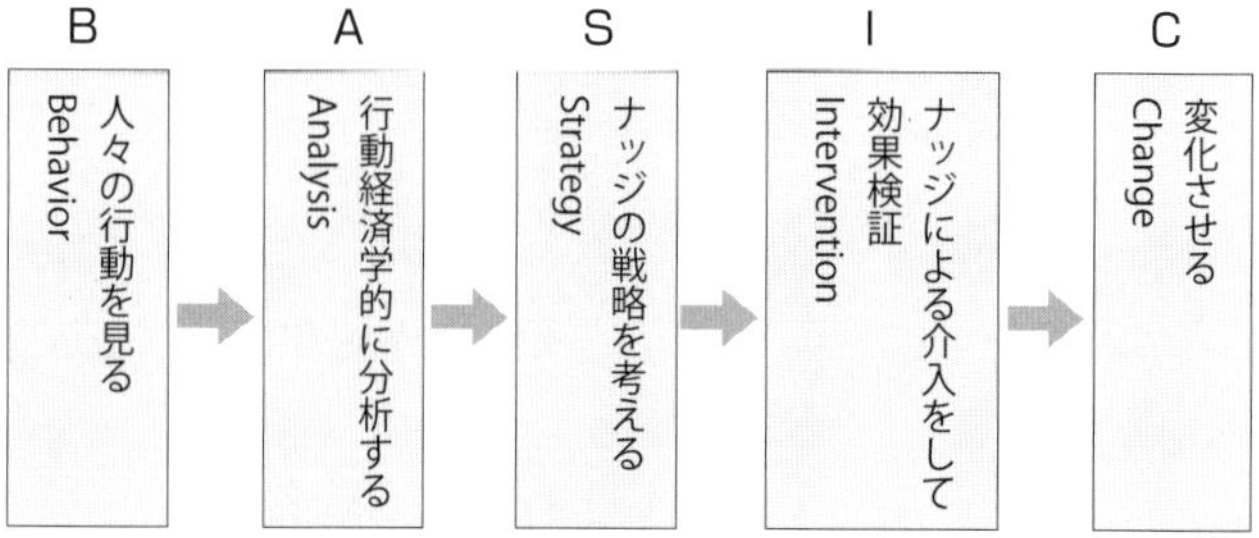

図4-4　ナッジ設計のプロセスフロー：BASIC

Change）させるということです（図4－4）。つまり、人の行動をよく観察した上で、行動経済学で分析して、ナッジを設計し、試してみて、効果があれば、社会実装するということです。

ナッジのチェックリスト…EAST

ナッジを考える際のもう1つのポイントは、さまざまなアイデアがナッジかどうかを知るためのチェックリスト（EAST）を参考にすることです。

簡単かどうか、情報量が多すぎないか、手間がかからないか（E・Easy）、魅力的なものかどうか、人の注目を集めるかどうか（A・Attractive）、社会規範を利用しているかどうか、多数派の行動を強調しているかどうか、互恵性に訴えているか（S・Social）、そして、そのナッジの介入が最もよいタイミングで行われているのか（T・Timely）を考

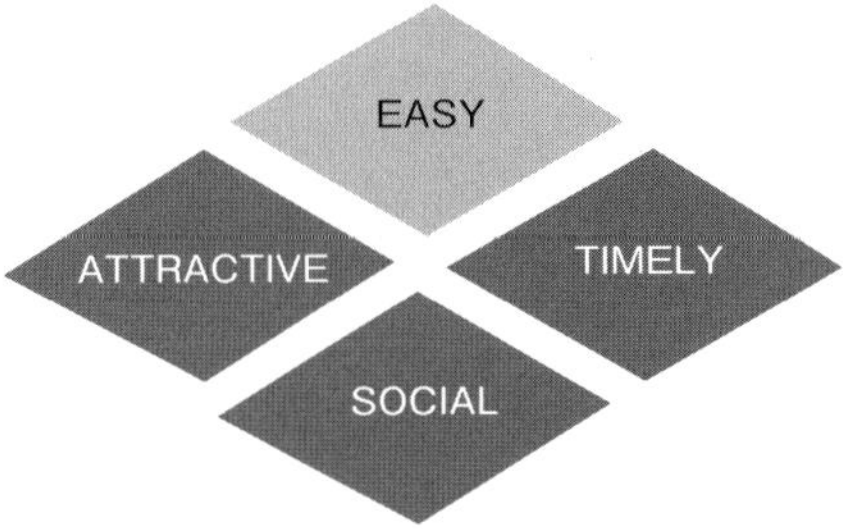

E	Easy	簡単なものになっているか／情報量は多すぎないか 手間がかからないか
A	Attractive	魅力的なものになっているか／人の注目を集めるか 面白いか
S	Social	社会規範を利用しているか／多数派の行動を強調しているか 互恵性に訴えかけているか
T	Timely	意思決定をするベストのタイミングか フィードバックは速いか

図 4-5　ナッジのチェックリスト

えるということです（図4－5）。

ボトルネックを見つける

また、実際にナッジの候補があるときに、意思決定過程の「ボトルネック」を見つけることが重要になります。行動経済学で考えると、私たちの行動を自ら決定する背景には、さまざまなバイアスがあり、それがボトルネックを引き起こす要因になっているからです。例えば、現状を好むという「現状維持バイアス」、同じ金額だと利得よりも損失に大きく反応する「損失回

行動経済学的影響	
現状維持バイアス	状況を変更するほうがよりよい場合でも、現状を好む
初期保有効果	すでに所有しているものの価値を高く見積もる
損失回避	利得の評価よりも損失をより大きく評価する
確証バイアス	自分の意見や結論を肯定するような情報を受け入れる
メンタル アカウンティング	お金の使い道ごとに別の勘定に入れられている状態
意思力	特定の時間には限られた意思決定能力しか持っていないため、定期的に補給する必要がある
選択過剰負荷	多すぎる選択肢があると、選択することが難しくなる
情報過剰負荷	情報が多すぎると、情報を正しく評価した上でのよい意思決定ができなくなる
投影バイアス	現在の好みが将来もそのまま続くと予想（お腹が空いているときスーパーに行くと買いすぎてしまう）
利用可能性 ヒューリスティック	自分の心に直接思い浮かぶ利用可能な情報を意思決定に使ってしまう
アンカリング	参照点（アンカー）の情報に影響されて物事を推測してしまう

図 4-6　ボトルネックを引き起こす行動経済学的な特性

避」、自分の意見や結論を肯定するような情報を受け入れる「確証バイアス」、利用可能な情報を意思決定に使ってしまう「利用可能性ヒューリスティック」、参照点（アンカー）に影響されて物事を推測する「アンカリング」などが、行動のボトルネックを引き起こす特性と言えます（図4-6）。

ボトルネックの特性とナッジ

ナッジは大きく3つに分類できます。

第1は、「情報提供ナッジ」です。私たちが持つさまざまな特性（例えば、利得と損失、社会規範、社会比較、返報性、アンカリングなど）を利用して行う「ナッジ」で、きわめてシンプルですが、タイミングが重要で、フィードバックを行う必要もあります。

第2は、コミットメント手段を用いた「ナッジ」です。自分がしなければならないことを知っているのに達成できないようなケースで使われるもので、例えば、決めた目標を達成できない場合に罰則を決めておくなどの自制心を活性化するような「ナッジ」です。

第3は、デフォルトを用いた「ナッジ」です。例えば、育児休業を取得しないことがデフォルトになっていて、オプションで取得することになっている（「オプトイン」方式）ことをデフォルトにして、取得しない場合をオプションにする（「オプトアウト」方式）ことに変えるというような事例です。また、自らの行動をルール化する（デフォルトを設定する）という方法もあります。

4 行動経済学のアプローチでナッジ・メッセージを考える

さて、準備が整いました。44歳から61歳の男性に、送られてきた無料クーポンを利用して風しんの抗体検査とワクチン接種を受けてもらうようにするためには、どのようなナッジ・メッセージを送ったらいいのでしょうか。

厚生労働省のメッセージの問題点

まず、先ほど紹介した厚生労働省のメッセージは、次のようなものでした。

「昭和37年度～昭和53年度生まれの男性の皆様へ
あなたと、これから生まれてくる世代の子どもを守るために
風しんの抗体検査と予防接種を受けましょう！」

この厚生労働省のメッセージの問題点はどこにあると思いますか。

落合　「昭和37年度から昭和53年度生まれ」というところが、ちょっとわかりづらく、ピンとこないので、「何歳から何歳」というように具体的な年齢のほうが、それ以外の世代の人も意識しやすいので、よいように思います。

行武　自分のこととして考えると、「あなたと、これから生まれてくる世代の子ども」という表現が漠然としすぎていて現実味が薄いように思います。

石動　「子どもたちを守るために風しんの予防接種を受けましょう」と言っても、なぜ風しんの予防接種を受けることで子どもたちを守れるかよくわからないので、それをもっと詳しく書いたほうがいいように思います。

なるほど。それぞれもっともな指摘だと思います。

6種類のナッジ・メッセージ

私は、行動経済学のアプローチで、厚生労働省のメッセージに変わる6種類のナッジ・メッセージを考えました（表4－1）。

厚生労働省	昭和37年度〜昭和53年度生まれの男性の皆様へ あなたと、これから生まれてくる世代の子どもを守るために 風しんの抗体検査と予防接種を受けましょう！
① 年齢表現	40代・50代の男性の皆様へ （昭和37年度〜昭和53年度生まれの方） あなたと、これから生まれてくる世代の子どもを守るために 風しんの抗体検査と予防接種を受けましょう！
② 利他強調	40代・50代の男性の皆様へ （昭和37年度〜昭和53年度生まれの方） あなたがきっかけで、妊婦さんが風しんウイルスに感染すると、障害を持った赤ちゃんが産まれてくる可能性があります！
③ 利己強調	40代・50代の男性の皆様へ （昭和37年度〜昭和53年度生まれの方） 成人男性が風しんに感染すると、重症化して、脳炎や血小板減少性紫斑病などの合併症が発症する可能性があります！
④ 社会比較	40代・50代の男性の皆様へ （昭和37年度〜昭和53年度生まれの方） あなたの世代の５人に１人は、風しんの抗体を持っていません。これは、他の世代に比べて倍以上の人が風しんに感染する可能性があるということです！
⑤ 有効期限	40代・50代の男性の皆様へ （昭和37年度〜昭和53年度生まれの方） お届けした風しんの抗体検査とワクチン接種の無料クーポン券は2020年3月31日で有効期限が切れてしまいます！
⑥ 低コスト	40代・50代の男性の皆様へ （昭和37年度〜昭和53年度生まれの方） 風しんの抗体検査とワクチンの無料クーポン券をふだんの健康診断で使えば、何度も採血をすることなく、検査を受けることができます！

表4-1　厚生労働省に変わる６種類のナッジ・メッセージ

まず、落合さんが指摘してくれたように、「昭和37年度から昭和53年度生まれ」という表現は、自分がその間に入っているのかどうか直感的にはわかりにくいのは確かです。平成18年生まれの皆さんも、例えば「平成17年度から平成30年度生まれの人」と言われても、あまりピンときませんよね。しかし、「16歳から29歳」とか、「10代から20代」と言われれば、自分のことだとすぐにわかるはずです。そこで、

「40代・50代の男性の皆様へ（昭和37年度〜昭和53年度生まれの方）」

というメッセージにしてみました。よりわかりやすくなったと思いますが、問題が残ります。それは、生まれ年は変わることはありませんが、年齢は毎年増えていくからです。つまり、具体的な年齢を入れてしまうと、確かにわかりやすいかもしれませんが、毎年変えなければいけないという課題が残るということです。

次に、石動さんが指摘してくれた点ですが、抗体検査とワクチンを受けるとなぜ「子どもたち」を守ることができるのかということを表現すると、

「あなたがきっかけで、妊婦さんが風しんウイルスに感染すると、障害を持った赤ちゃんが産まれてくる可能性があります！」

という医学的知識を伝えるとともに、赤ちゃんへの影響を訴える「利他強調」（＊19）のメッセージに変えます。

ただ、ひょっとすると利他性にあまり関心を示さない人もいるかもしれません。そこで、「成人男性が風しんに感染すると、重症化して、脳炎や血小板減少性紫斑病などの合併症が発症する可能性があります！」というような、「利己強調」（＊20）のメッセージにすることも考えられます。「利他強調」も「利己強調」も損失のイメージを強く抱かせるメッセージです。人は損失を回避したいと考えるのが常なので、行武さんが指摘してくれたように、「あなた」への強いメッセージになります。

さらに、社会比較（社会規範）という行動経済学的なアプローチでは、他の世代と比べるという表現を採用します。

「あなたの世代の5人に1人は、風しんの抗体を持っていません。これは、他の世代に比べて倍以上の人が風しんに感染する可能性があるということです！」

というように、他の世代よりも風しんに感染しやすい世代であることを強調するメッセージにするのです。他の世代の抗体保有率は90％以上で、「あなた」の世代の男性の抗体保有率は約80％だということは、他の世代のうち抗体を持っていない人は10％以下なのに対して、「あなた」の世代のうち抗体を持っていない人は20％ですから、単純計算すれば2〜3倍風しんに感染しやすいということです。

もう1つ考えなければいけないのは、「先延ばし」するタイプの人がいることです。そういう人たちの抗体検査・ワクチン接種の「先延ばし」を防ぐためには、「今だけですよ」ということを強調するタイプのメッセージが考えられます。

「お届けした風しんの抗体検査とワクチン接種の無料クーポン券は2020年3月31日で有効期限が切れてしまいます！」

＊19　【利他強調】自分を犠牲にしても他人の利益を図ることを強調する。
＊20　【利己強調】他人よりも自分のことを優先する行動や考え方を強調する。

これは、第2章で紹介した落語の「閉店セール」と同じようなことです。クーポン券の有効期限があって、それを過ぎると有料になってしまうことを強調するのです。

最後に、皆さんの提案にもありましたが、抗体検査やワクチン接種が面倒だとか、注射や採血が嫌いという男性も少なくありません。そこで、そういう男性に対しては、さまざまな意味で、さほどコストがかからずに簡単に済ませられることを強調するメッセージが考えられます。

「風しんの抗体検査とワクチンの無料クーポン券をふだんの健康診断で使えば、何度も採血をすることなく、検査を受けることができます！」

どのメッセージが最も効果的だろうか

私たちは、以上6種類のうちどのメッセージの効果が大きいかを調べるためにインターネット調査を行いました（＊21）。２０１９年度のクーポン券送付対象者に、1月末から2月にかけて、それぞれ異なったメッセージをランダムに送り、3月末に実際に抗体検査を受けたかどうかの調査をしたのです。

その結果はすでに出ているのですが、それを紹介する前に、抗体検査を実際に受けた比率が最も高かったメッセージはどれだったと思うかを、皆さんに予想していただきたいと思います。

落合　僕は「有効期限」が一番効果的だったのではないかと思います。僕たちの世代は、自分たちは抗体を持っていないという危機感よりも、今受けないとお金がもっとかかるとかいう、金銭的な問題に対してのほうが敏感です。また、僕の父親も、期限を示されたほうが、それまでにやらなければという意識が強くなるようです。行動経済学の「現在バイアス」のせいで先延ばししているということですが、有効期限を強調することで、先延ばしできないという気持ちが強く働いて効果があるように思います。それに、有効期限が切れてしまって、検査に行けなかった人の損失感は結構大きいと思います。

行武　私は、「利他強調」が一番効果的だったのではないかと思います。相手に語りかけ

＊21　加藤大貴・佐々木周作・大竹文雄（2022）「風しんの抗体検査とワクチン接種を促進するためのナッジ・メッセージの探究」RIETI Discussion Paper Series 22-J-010

る「あなたがきっかけで」というのはすごくインパクトがある文章ですし、40代から50代の男性は、子どもがいて、やがて孫ができる人も多いと思うので、「妊婦さんが風しんウイルスに感染すると、障害を持った赤ちゃんが産まれてくる可能性があります！」という娘さんやお孫さんに関することが出ているので、心に響くメッセージのように思います。

石動　「社会比較」のメッセージだと思います。他の世代よりも感染する可能性が2倍以上ありますよと言われたら、危機感が生まれて、自分自身も抗体検査を受けたほうがいいという気持ちになるのではないでしょうか。利他強調や利己強調では、怖いなという気持ちにはなるかもしれませんが、だからと言ってすぐに抗体検査を受けようとするかと言えば、それは別問題だと思います。また、もう1つあげると、「低コスト」も効いたのではないでしょうか。有効期限も確かに効くのかもしれませんが、行動変容まではもたらさなかったのではないかと思います。

効果が最も大きかったメッセージは？

三者三様の答えで、それぞれ行動経済学で考えた理由がついていて、とても興味深く

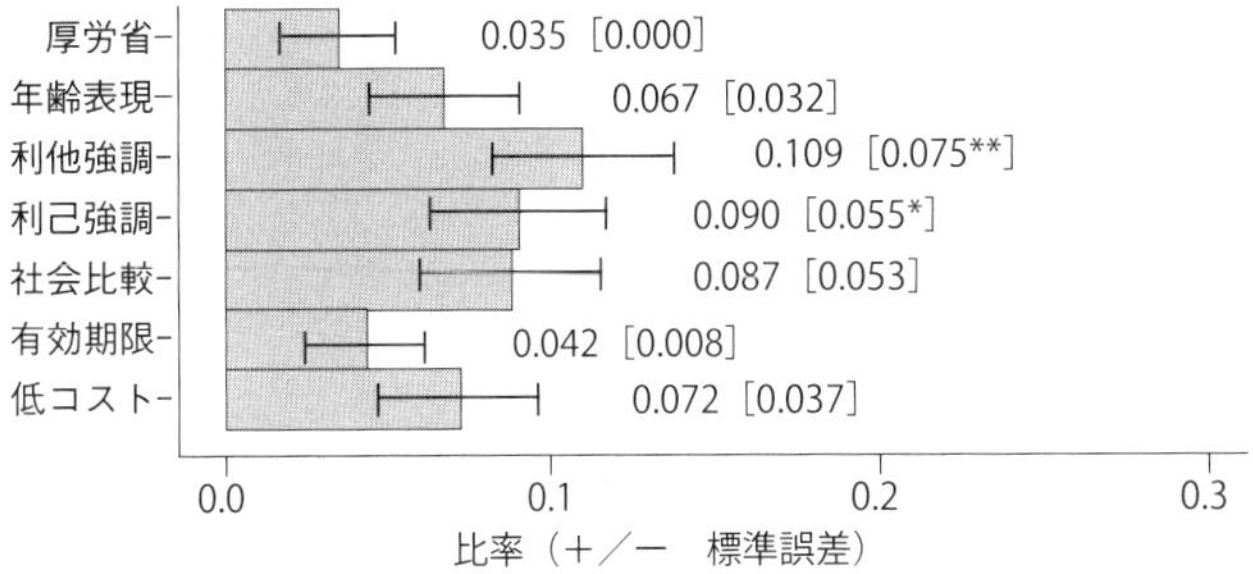

図 4-7 ①　抗体検査の受検（第１回調査以降の行動）

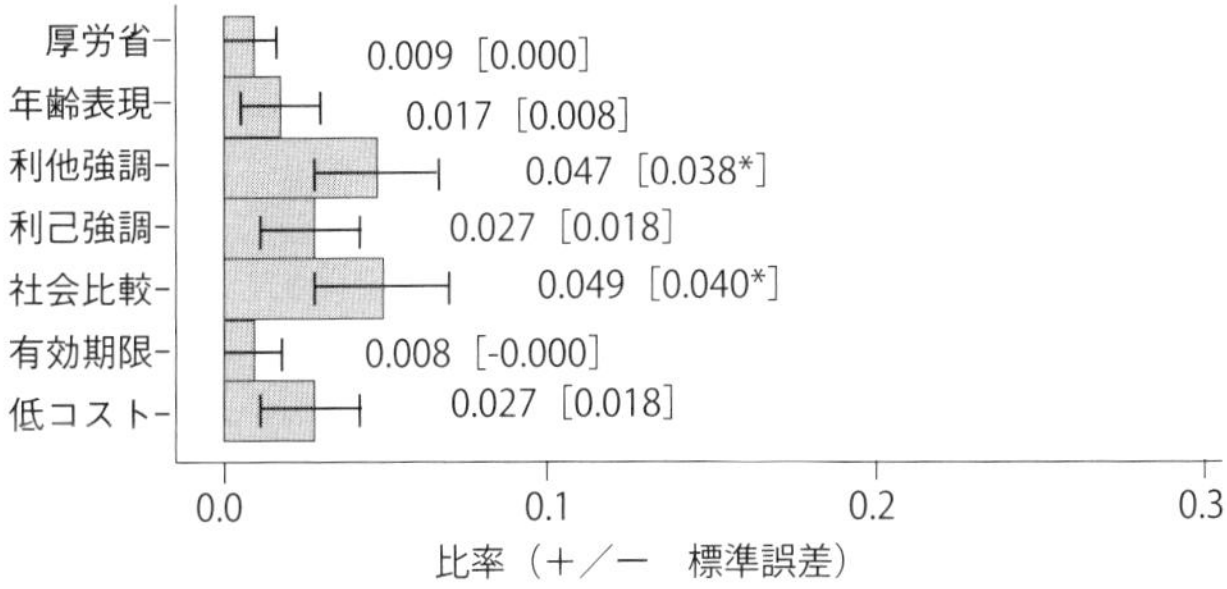

図 4-7 ②　抗体検査の受検×ワクチン接種（第１回調査以降の動向）

聞いていました。どのメッセージが唯一の正解ということはないのですが、私が調査をした結果は次のようなものでした。

図４－７①のグラフに注目してください。それぞれ異なるメッセージを受け取った人が、その後抗体検査を受けたかどうかを見たものです。

まず、「厚生労働省」のメッセージを受け取った人のうち３・５％の人が抗体検査を受けていることを示しています。

次に、「年齢表現」を変えたメッセージを受け取った人の6・7％が抗体検査を受けています。これは、厚労省のメッセージに比べると増えていますが、この程度の違いは統計的に見るとほとんど差がないことになります。

実は、最も効果があったのは、行武さんが「インパクトがあって心に響く」と表現してくれた「利他強調」（10・9％）でした。「あなたがきっかけで、妊婦さんが風しんウイルスに感染すると、障害を持った赤ちゃんが産まれてくる可能性があります！」というメッセージを受け取ることによって、わずか1か月半の間に、厚生労働省のメッセージ（3・5％）よりも7・4％ポイントを増やすことができたということです。

また、「利己強調」も9・0％まで上がって、厚生労働省のメッセージに比べると5・5％ポイントが高いという結果になっています。さらに、皆さんがあげたメッセージのうち、「社会比較」は8・7％と厚生労働省のメッセージよりも5・2％ポイントが高くなっています。効果があることがわかりますが、統計的にはギリギリ差がないと判断されます。

ところが、「低コスト」（7・2％）と「有効期限」（4・2％）はあまり効果が見られないという結果になりました。

なぜこのような結果になったのでしょうか。それは、調査結果全体を俯瞰《ふかん》して見るとわかります。つまり、実際に抗体検査を受ける上では「知識を伝達する」ことに力点を置いているメッセージ（つまり、「情報提供ナッジ」）が重要だったということです。

今回の事例で言えば、まずは風しんという感染症に対する人々のモチベーションを高くする必要があり、そのモチベーションがある人に対して、「低コスト」や「有効期限」というような、手続きや手間を減らすメッセージを提供するという2段階の構造になっているということです。

出来上がった「利他強調」のポスター

世の中にはさまざまな考え方を持った人たちがいます。したがって、それぞれのメッセージはそれなりに受け取る人に伝わるはずです。つまり、一定の効果があるメッセージだからといってそのメッセージが絶対的に正しいというわけではないということです。

しかし、このような調査を行うことによって、より多くの人の心に響くメッセージを特定することはできます。不特定多数の人々に対して、一律に同じメッセージを出さなければならないときには、平均的に最も効果のあるメッセージを使うという選択が行われます。今回の場合であれば、まずは平均的に最も効果があるメッセージを使おうということで、できるだけ「利他強調」を使うことにしようということになりました。

2020年度に出来上がったポスターとリーフレットは図4-8のようなものでしたが、2022年度にポスターとリーフレットを新しくつくり直しました（図4-9）。

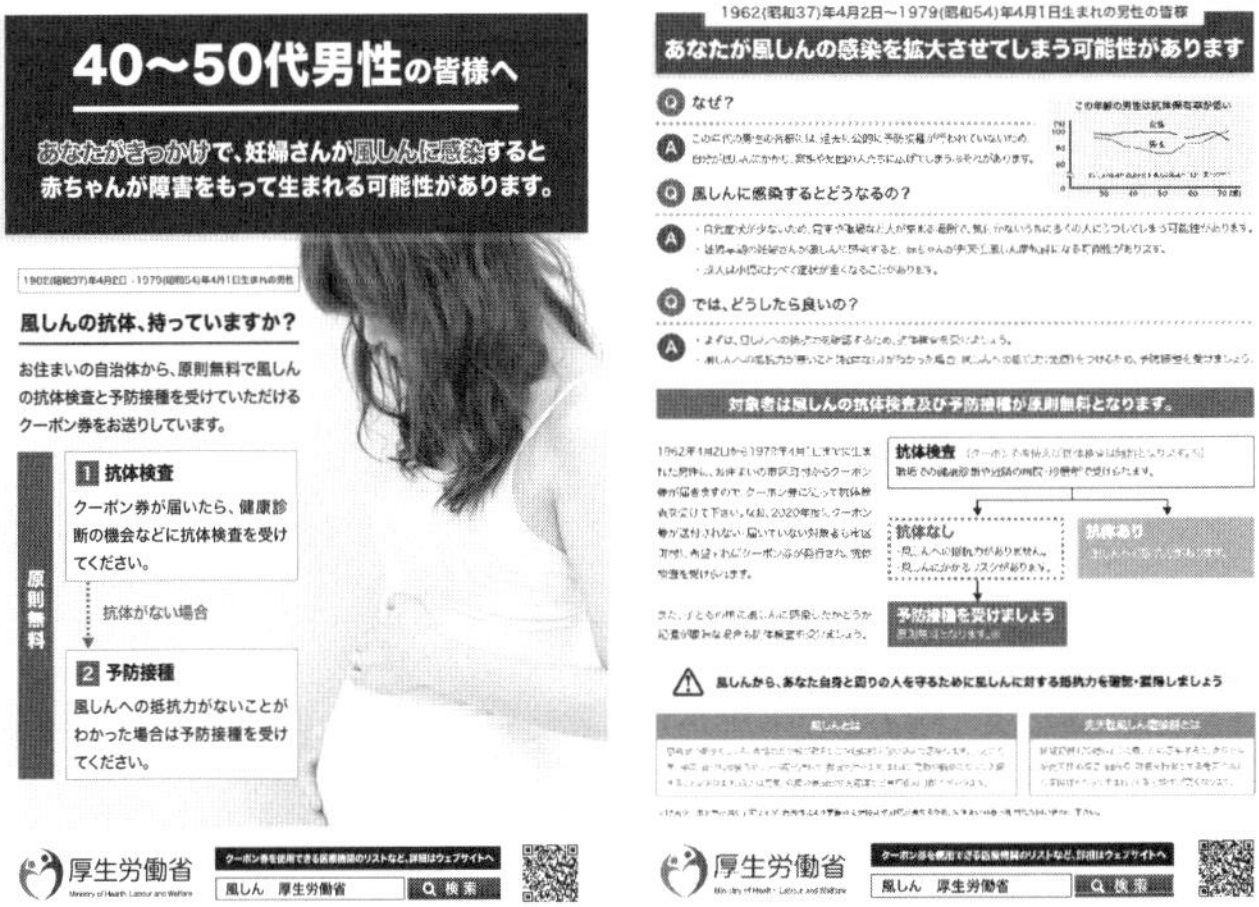

図 4-8　風しん予防啓発ポスターとリーフレット（厚生労働省・2020年度）

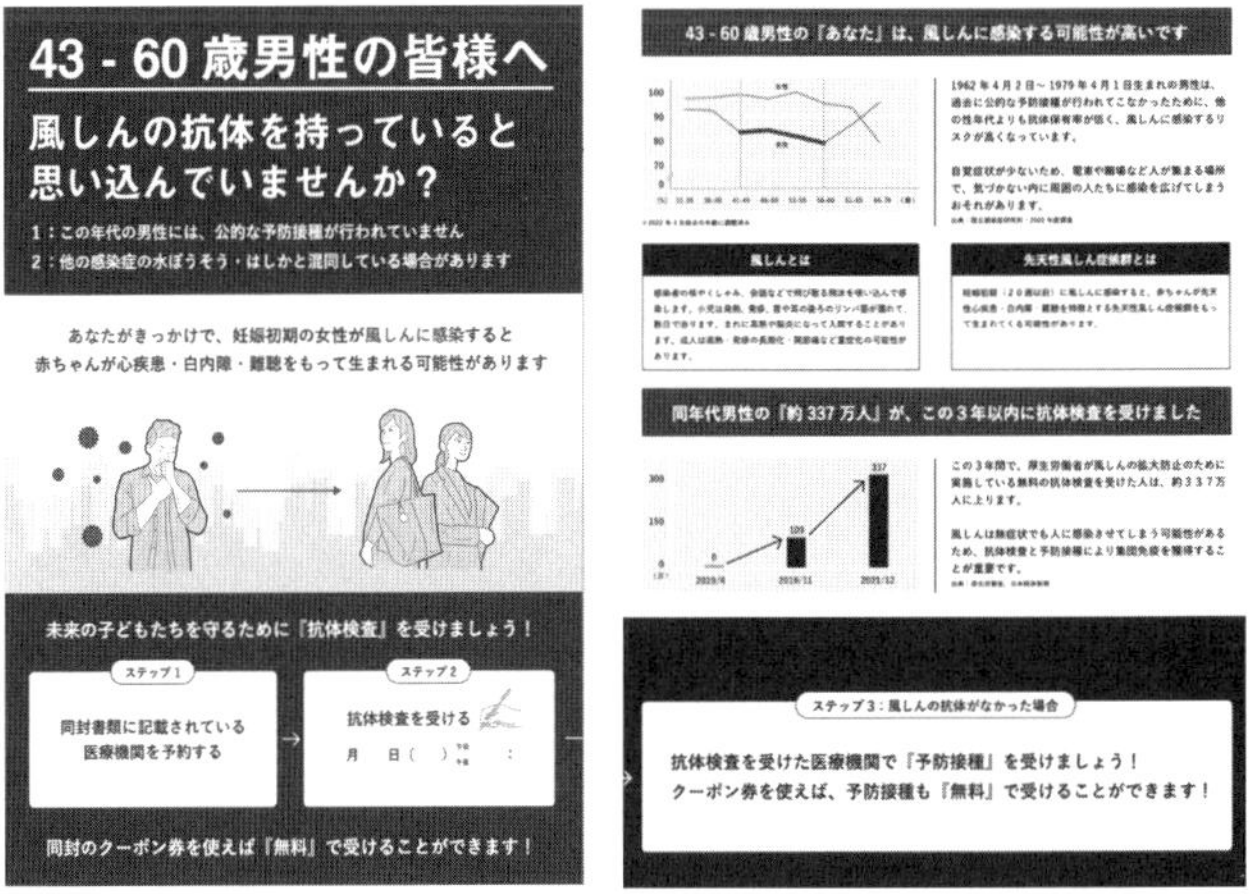

図 4-9　風しん予防啓発ポスターとリーフレット（厚生労働省・2022年度）

自治体に配布したリーフレットに使われているナッジ

新しいポスターをつくって、さまざまな自治体に協力していただき配布しました。皆さんに質問ですが、このリーフレットに隠されている「ナッジ」を探してください。

行武　2022年度版は、左側のページの下の右側に「抗体検査を受ける」日付けを自分で書くようになっています。これは確か、自分で書くと自分で約束したことになって、それを守りたくなるという「コミットメント」のナッジですね。

よくわかりましたね。行武さんの言う通りで、「コミットメント・メカニズム」を提供するかたちになっています。このような記入欄があると、記入したくなります。実際に、記入すると忘れにくくなりますし、自分で決めたことは守りたくなります。

石動　2022年度版は、右側のページに2つのグラフがありますが、これは、単に文字で表すのではなく、矢印で変化を示したりしたわかりやすいグラフが使われています。情報をシンプルにわかりやすく伝える工夫をしているように思います。

なるほど。それを行動経済学の議論で言うと、どのようなナッジが使われていると思いますか。言い方を換えると、このような表現をされると私たちはなぜ検査を受けたいと思うようになるのだと思いますか。

石動　よくわかりませんが、下のグラフを見ると、同じ年代の人が3年間で急激に増えて337万人に達しているようなので、みんなが抗体検査を受けているという「社会規範」を使っているのでしょうか。

その通りで、「社会規範」を使っています。これをパーセントではなく絶対数で表しているのは、割合で見ると40歳から60歳の男性総数の23％にしかなっていないからです。絶対数で見るとかなり多く感じて、受診している人が多数派であるように見せるために、このようなグラフにしているということです。

また、上のグラフは、この世代の男性が風しんに感染するリスクが高いことを示しています。感染のリスクが高いということだけでは、他の多くの人も感染しているというネガティブな社会規範になってしまう恐れもあるので、他の世代と比べると感染しやすいという表現をグラフ化しています。他の世代と比べて感染しやすいという「社会比較」を直感的にわかりやすくしています。さらに、先ほど紹介したように最も効果があることがわかっている「利他性」のメッセージを、左ページの真ん中あたりに入れています。そもそも風しんについての医学的な情報が欠けているということがボトルネックであることがわかったので、それを右側のページの中央に入れてあります。

半数以上の人が勘違い

ところで、これまで詳しくは紹介してこなかった事柄がもう1つあります。それは、私たちが先ほど紹介した2020年に行った研究をした後に最初のポスターをつくって、いろいろな人と話をしてわかったことです。それは、この章の冒頭でも紹介したように、この世代の男性はワクチン接種をしていないにもかかわらず、自分は子どもの頃に風しんのワクチン接種をしたと思い込んでいる人がかなり多くいることでした。

そこで、そのことを確かめるために、私たちは2019年4月から2022年7月までの間に抗体検査を受けていない43歳から60歳男性（8750人）に対して、子どもの頃に風しんのワクチン接種を受けたかどうかを聞くアンケートを行いました。結果は驚くべきものでした。55％の人が「受けたことがある」と答えたのです（図4－10）。この世代の男性は、子どもの頃に風しんワクチンの定期接種を受けていないのに、「受けたことがある」と答えている人がいたのです。つまり、抗体検査を受けていなかった人の、半数以上が自分は風しんのワクチン接種を受けたと勘違いしていたのです。

この事実は、私たちの最初の研究ではまったく想定してなかったことです。風しんワクチンを受けたと勘違いしている人が半数以上いるような状況の下では、いくら医学的な知識を伝えたり面倒くささをなくしたりするようなナッジを考えても、まったく伝わらないだろうことは容易に想像できます。

そこで、「風しんの抗体を持っていると思い込んでいませんか?」という文字を大きくして呼びかけにしたわけです。これは、自分の思い込みに気づかせるために注意を喚起させるナッジです。

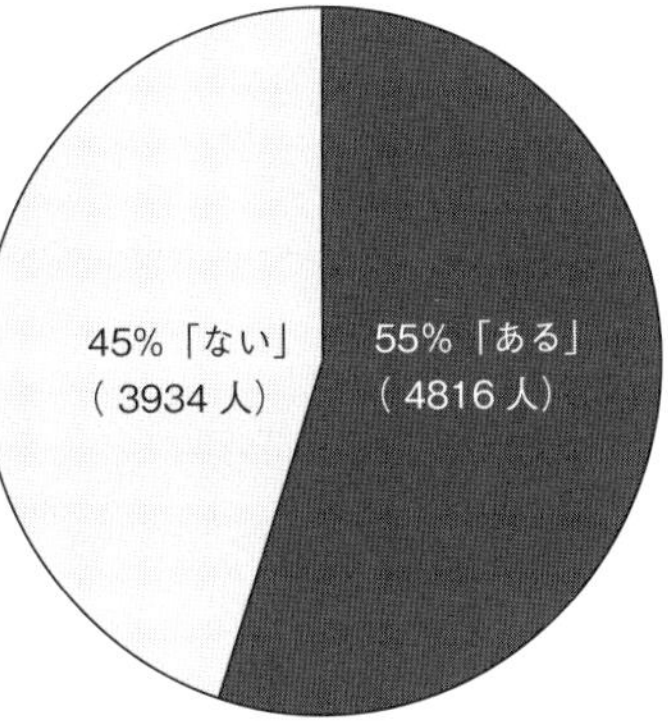

図4-10　子どもの頃に、風しんのワクチン接種を受けたかどうかを聞いたアンケート結果

2分半バージョンの動画と15秒バージョンの動画

「社会規範」ということでは、動画もつくり

図 4-11【2022 年度版】オフィス篇 「プロジェクト企画採用、社員とハイタッチできなかった」「課長、風しんの抗体検査受けてます？」（2 分 30 秒）

図 4-12【2022 年度版】ウエディング篇 「結婚式、娘と腕を組めなかった」「お父さんと腕なんか組みたくない」（2 分 30 秒）

ました（＊22）。これまで紹介したポスターとリーフレットは、主に皆さんのお父さん世代の人に向けてつくられたのですが、この動画のターゲットは対象年齢の男性だけではありません。幅広い年齢層の女性にも向けて、他人に話したくなるような動画にしています。冒頭で行武さんが指摘してくれたように、娘さんや奥さんから言われると効果があると考えたからです。

もう少し詳しく説明すると、2種類の動画があって、1つは結婚式でバージンロードを歩こうとして腕を組む直前に、娘が父親に抗体検査・ワクチン接種をしたかどうかを問うというストーリーです。もう1つは、職場でプロジェクトの成功を祝う場面でハイタッチをしようとした際に、部下の女性が課長に抗体検査・ワクチン接種をしたかどうかを問うというストーリーです。両方とも2分半の動画ですが、ユーチューブ（YouTube）広告として2022年度末に数か月間流したところ、合わせて230万回以上の視聴がありました。

そこで、かなりの効果があるだろうと期待していましたが、あるイベントでSNS広告に詳しい専門家から、「2分半は長すぎる、視聴者が見てくれるのは8秒まで」という指摘を受けました。また、大阪府にモノレールなどの関連施設で流すことを依頼したところ、15秒であれば流すことができるということも言われました。

そこで、15秒篇を制作して、今いろいろな所で流しています。例えば、ユーチューブ広告とインスタグラム（Instagram）広告を展開していて、ウエディング篇、オフィス篇を合わせて約360万回の視聴があり、2分半バージョンのものよりパフォーマンスが

＊22　『オフィス篇』 https://www.youtube.com/watch?v=F8QPaqaEo-c
『ウエディング篇』 https://www.youtube.com/watch?v=c1YO1NZP4cI

図 4-13【2023 年度版】オフィス篇「風しんの抗体検査受検・ワクチン接種勧奨 PJT」（15 秒）

図 4-14【2023 年度版】ウエディング篇 「風しんの抗体検査受検・ワクチン接種勧奨 PJT」（15 秒）

向上しました。また、2023年6月には大阪モノレールで展開するとともに、23年度は毎月24日前後にユーチューブなどのSNS広告で、「動画を見たら広めて下さい！」という呼びかけもしています。

縦型のデジタルサイネージモニターに対応できるように、縦型バージョンも作製し、大阪駅の約200メートル続く地下街に掲載していました。動画をもとにしたポスターもつくって、いろいろな所に貼ってもらっています。

図 4-15　【2023 年度版】風しんの抗体検査受検・ワクチン接種勧奨プロジェクトのリーフレット

↓大阪駅地下街に掲示されたデジタルサイネージモニターに対応した広告

動画についての感想は?

さて、ここで皆さんに15秒の動画2本を視聴した感想を聞いてみたいと思います。行武さん、ウエディング篇とオフィス篇のどちらが効果的だと思いますか。

行武　ウエディング篇のほうだと思います。結婚式という晴れ舞台で娘に腕を組んでもらえないお父さんは確かにかわいそうだからです。しかし、実際に自分が同じような立場にいたとしても、父親にこんなことは絶対に言わないので、このストーリーはあり得ないと思います。

なるほど。実際にはあり得ないストーリーだとすると、ウエディング篇の狙いはどこにあると思いますか。

行武　よくわかりませんが、私だったらこの動画を見たことを父親に話すかもしれません。

そうですね。いろいろな世代の女性が話題にしてくれることを期待しているわけです。気がついた人がいるかもしれませんが、東京の都営地下鉄でも2023年7月末の1週間はウエディング篇が放映されていました。落合さんはどうですか。

落合　ウエディング篇は、この年齢層の男性だったらドキッとするかもしれませんが、僕自身を含めて、独身男性の心には刺さらないので、オフィス篇のほうがいいように思います。仕事場や日常生活の中で女性からそういう目で見られているのは嫌だなと感じるからです。

おっしゃる通りで、結婚をしていても娘さんがいない人もいるので効果がないかもしれないという思いもあって、オフィス篇もつくったという経緯があります。石動さんはどうですか。

石動　ウエディング篇もよいと思いますが、私もオフィス篇のほうがよりよいように思います。女子社員が言う「課長って、風しんの予防接種を受けたんですか」というフレーズが、自分の中ではすっと入ってきてインパクトがあったからです。

なるほど。ただ、オフィス篇の問題点をあげるとすれば、全体に色が地味なことでしょうね。もっとも、大阪モノレールがオフィス篇を採用したのは、その地味な点がよかったのかもしれません。

最後になりますが、この2つの動画の問題点としてはどのようなものがあると感じましたか。

落合　全体として文字情報が多すぎるように思います。情報量が多すぎて、ほとんど頭に入ってこないという印象を持ちました。

15秒の間にいろいろなメッセージが入っていますからね。

落合　もう1つは、さきほど大竹先生が、実際にはあり得ないシーンでも話題性につながるとおっしゃいましたが、自分としては現実性がなさすぎると、逆に、動画を見た人が、抗体検査を今受ける必要がないのではないかと考えてしまうという問題点もあるように思います。

落合さんは2つの問題点を指摘してくれましたが、いずれもなかなか難しいことです。文字を使うということに関して言えば、正確に伝えなければならないということと、そのためには文字を使わざるを得ないということがあるからです。例えば、最初の頃は、先ほど紹介したように、「障害を持って」という言葉を使っていましたが、今は使っていません。この数年の間に厚生労働省の考えが変わったからで、障害という表現ではなく「心疾患・白内障・難聴」というように具体的な症状の表現になったという経緯があります。また、電車の中では音声が出せないので、文字を使わざるを得ません。

このようにいろいろな制約があるなかで、いろいろな人の意見を参考にして、平均的に最も効果のあるナッジを探し出して使うことがあります。また、この動画を見ると責められているような気持ちになって不快だという人たちがいることも確かです。したがって、不快感の程度が強すぎると、公共交通機関では流してくれないという問題点もあります。

もう1つの非現実的だという点についての批判もかなりあります。例えば、女性のほうがワクチン接種を受けていれば問題はないのではないかという批判です。しかし、その点についてはきちんとした反論ができます。全員がワクチン接種を受けたとしても、一定数の人は抗体を持つことができないという事実があって、そういう人たちを守らなければいけないということです。ただ、そういうメッセージまですべて書くと、ただでさえ情報量が多いので難しいということです。

1つのメッセージがすべてを解決するわけではない

これまで紹介したポスター、リーフレットや動画は、基本的にはどこにボトルネックがあるか、どのような行動経済学的なバイアスがあるのかも含めて考えます。そしてさまざまなメッセージをつくり、どれが最も効果があるかを検証して、その人たちに最も効果的なメッセージを使うというかたちになっています。

ただし、そうしたとしても問題がすべて解決するわけではありません。風しんの抗体検査のように1回行動してもらえばよい場合を考えましょう。あるメッセージが一定割合の人に効果的だったとして、そのメッセージで行動してくれる人が全員抗体検査を受けてくれたとします。そうすると、まだ行動していない人の中には、そのメッセージで行動する人はもういなくなっているので、メッセージは効果がなくなってしまうからです。

先ほどの例で言えば、「利他強調」で動く人はそのメッセージのおかげで全員がワクチン抗体検査を受けるようになるわけですが、他の人は同じメッセージでは行動を変えようとはしません。「利己強調」や「社会比較」、あるいは「有効期限」とか「低コスト」が大事だと思っている人も少なからずいるわけですから、その人たちに向けた新たなメッセージを考えなければならないということになります。

そう考えて、今回の場合でもいろいろなナッジを入れているのですが、情報量が多すぎるという問題点が出てくることになります。

山手線車内のモニターに流された動画（東京都）

品川駅自由通路のデジタルサイネージ（東京都）

そういうことも考えて、皆さんのお父さんたちが、抗体検査を受けたくなるような情報を伝えてみてください。先ほどの動画を見てもらってもいいですね。ＪＲ東日本の東京の山手線などの主要路線でも、先ほどの動画が流れると思います（２０２３年10月に実際放映されました）。それを見たら、周りの多くの人に伝えてもらえればうれしいです。

↓【2023年度版】ウエディング篇「動画QRコード」2分30秒

↓【2023年度版】ウエディング篇「動画QRコード」15秒

あとがき

本書を最後までお読みいただき、ありがとうございました。本書の内容は、早稲田塾の高校生に向けて行った連続講義をもとにしていますが、それ以外にもさまざまな中学校や高校で行った出張講義での経験が生かされています。また、大阪大学経済学部での行動経済学の講義内容やビジネスパーソン向けの講演での内容も含まれています。特に、対面での講義や講演だと、聴衆がどの部分で難しいと感じるのかということがわかるので、説明を丁寧にすることができます。本書には、そうした聴衆の反応をもとに説明を改善していった成果が取り入れられています。そのため、高校生向けの講義をもとにしていますが、一般の方にも十分に役に立つのではないかと思っています。

第1章で、アダム・スミスに触れたのは、経済学の創始者であるアダム・スミスが自由放任を唱えて、企業経営者の考え方をサポートしたという高校の教科書の記述に違和感を持ったことがきっかけです。特定の企業が独占的な販売権を持っていたり、経営者たちが賃金を低くするような談合をしていたり、自由に転職できないような制度があることに、アダム・スミスは反対していたのです。

現実が、独占・寡占・談合ばかりなので、自由に市場に参入でき、転職できるような社会にして、競争を機能させるというのが『国富論』の趣旨なのです。なんでも規制緩和して自由放任にすればいいというのではなくて、市場競争が働くようにすべきだということが高校の教科書を読んでも伝わらないと思ったので、本書で説明しています。

市場競争がうまく機能しない理由に、外部性の存在があります。新型コロナウイルス感染症の感染対策を、自由放任にせず公的にする必要があったのは、この外部性が感染症にはあるからです。さらに、感染症対策には、感染を防ぐことと社会経済活動を停滞させてしまうというトレードオフの問題もありました。社会にはさまざまな価値観がありますから、ある政策の効果にトレードオフがあれば、どの政策が望ましいかは価値観に依存します。そうしたことも理解して欲しいというのが、第1章のねらいでした。

ビジネスパーソンには、第2章でのサンクコストや現状維持バイアスの話が特に重要です。自分にはそんなバイアスはないと思っていても、ほとんどの人にはそういうバイアスがあります。まずは、そのバイアスの存在を認めて、対策を考えていくことが大切です。現状維持か変化か、という選択で迷うことは、非常に多いはずです。現状維持バイアスがある、ということを前提にすれば、「迷ったら変化を選ぶ」という方針は、私たちの選択をよりよいものにしてくれると思います。

第3章のラグビーワールドカップの日本代表の話は、外国人労働者の影響について大阪大学の日本経済論の授業で説明した際に、小テストの問題として入れたものが最初です。学生たちには、外国人労働の増加が、労働市場にどのような影響を与えるかを需要曲線・供給曲線、代替・補完関係を使って説明する教科書や論文をあらかじめ読んでもらいました。その後、小テストをしたのです。

外国人労働の影響という枠組みなら学生たちの多くは、正解にたどり着いていました。しかし、題材がワールドカップ日本代表の議論になると、論理的には同じことなのに、正解までたどり着いた学生はほとんどいませんでした。授業で解説すると多くの学生が納得してくれていました。一見、関係ないことのように見えても同じ論理で説明できるという面白さを味わってもらえたなら幸いです。

第4章は2019年度以降、厚生労働省に委託された研究をもとにしています。実はこの研究を始める前は、私には風しんという病気についての知識がほとんどありませんでした。そのため、厚生労働省が「未来の子どもたちのために風しんの抗体検査を受けましょう」というメッセージを使っているのを見ても、全く意味がわかりませんでした。医療関係者にとっては当然のことでも、一般の人には全くわからないことも多いものです。その1つが風しんの抗体検査の受検勧奨でした。

そこで、どのようなメッセージが効果的なのかを検証してみました。その結果、医学的な知識を利他的なメッセージで伝えることが効果的だと判明し、それを使った広報をしました。

しかし、2020年になって新型コロナウイルス感染症の感染が拡大し、医療機関に抗体検査を受けに行く人は思うように伸びませんでした。新型コロナが少し収まってきた時期に、再度厚生労働省から研究依頼を受けました。そこで、調査をすると、自分は子どもの頃風しんワクチンを受けていると思い込んでいる人たちが、未受検者の半数以上を占めていることがわかりました。

人々の行動を引き起こすためには、さまざまなボトルネックの可能性をしっかり調べて、それを克服することを考えないと駄目だと身をもって体験しました。さらに、伝え方も、人々の注目を引くようにしないと駄目な一方で、真面目な情報提供だと信頼してもらう必要もあります。そうした私自身の取り組みを解説することで、ナッジを実践する人たちにも参考になると思って、この章で詳しく説明しました。

謝辞

中高生向け出張授業、大学生の講義、一般向けの講演と、毎回授業や講演をするたびに、新たな学びがあり、私自身成長することができ、それを実感できます。かつての受講生たちには、今から思うと未熟な講義をしていて申し訳なかったと思います。研究でも、新しいプロジェクトを始めるたびに、自分自身が知らなかったことを学び、成長を実感できます。63歳になっても自分が成長できるとは、若い頃は想像もできませんでした。たぶん、次の本はもっとよいものになると思いますが、今は私にとってこの本が一番いいものです。今まで、私の授業や講演を聞いてくださった皆さんに感謝します。なお、本書のもとになった研究には、JSPS(日本学術振興会)から科研費(20H05632)、厚生労働科学研究費補助金、環境省ぐぐるプロジェクトから支援を受けました。

特に、今回の連続講義を受講してくださった早稲田塾の高校生の皆さんには感謝します。また、連続講義の機会を与えてくださった早稲田塾の皆さん、連続講義を企画して、それをみごとに本の形にまとめていただいた編集者の堀岡治男さん、出版でお世話になった内田宏壽さんにお礼を申し上げます。

2024年4月

大竹文雄

大竹 文雄（おおたけ ふみお）

【略歴】

大阪大学感染症総合教育研究拠点（CiDER）特任教授（常勤）。大阪大学大学院経済学研究科教授（兼）。京都大学経済研究所特定教授（クロスアポイントメント）。

1961年生まれ。京都府宇治市出身。京都大学経済学部卒。大阪大学大学院経済学研究科博士前期課程修了。博士（経済学）（大阪大学、1996年）。専門は行動経済学、労働経済学。日経・経済図書文化賞、サントリー学芸賞、エコノミスト賞、日本経済学会・石川賞、日本学士院賞などを受賞。大阪大学理事・副学長、日本経済学会会長、行動経済学会会長などを歴任。新型インフルエンザ等対策推進会議委員（2021年4月～2023年8月）。


【著書】

『行動経済学の使い方』岩波新書（岩波書店）、『経済学は役に立ちますか？』竹中平蔵・大竹文雄（東京書籍）、『競争社会の歩き方―自分の「強み」を見つけるには』中公新書（中央公論新社）、『経済学のセンスを磨く』日経プレミアシリーズ（日本経済新聞出版社）、『格差と希望―誰が損をしているか？』（筑摩書房）、『あなたを変える行動経済学―よりよい意思決定・行動をめざして』（東京書籍）、『行動経済学の処方箋―働き方から日常生活の悩みまで』中公新書（中央公論新社）など著書多数。

装丁　　　　長谷川 理
イラスト　　後藤 知江
編集協力　　堀岡 治男
編集　　　　内田 宏壽
校閲・校正　室谷 きわ

写真：朝日新聞フォトアーカイブ、UNIPHOTO PRESS

いますぐできる実践行動経済学《じっせんこうどうけいざいがく》
―ナッジを使《つか》ってよりよい意思決定《いしけってい》を実現《じつげん》

令和六年六月六日　第一刷発行

著　者　大竹文雄《おおたけふみお》

発行者　渡辺能理夫

発行所　東京書籍株式会社

〒一一四-八五二四　東京都北区堀船二-一七-一
電話　〇三（五三九〇）七五三一（営業）
　　　〇三（五三九〇）七五二六（編集）

印刷・製本　図書印刷株式会社

定価はカバーに表示してあります。
乱丁・落丁の場合はお取り替えいたします。
本書の内容を無断で転用することはかたくお断りいたします。

Copyright ©2024 by Fumio Ohtake
All rights reserved.
Printed in Japan

ISBN978-4-487-81771-9 C0033 NDC331
https://www.tokyo-shoseki.co.jp